Fatke (Hrsg.) · Jean Piaget

Über dieses Buch:
Jean Piagets Untersuchungen über die Entwicklung des menschlichen Erkennens haben das Selbstverständnis des modernen Menschen auf neue Grundlagen gestellt. Mit seiner »genetischen Erkenntnistheorie« hat dieser große Forscher zugleich ein neues Bild vom Kind geschaffen, das für unser gesamtes Denken, damit aber auch für entwicklungspsychologische und pädagogische Theoriebildung und Praxis von Bedeutung ist. Zudem: Ohne Piagets theoretische Anstöße ist die gegenwärtig einflussreiche wissenschafts- und erkenntnistheoretische Strömung des Konstruktivismus und deren Prämisse, dass die Wirklichkeit uns nur als eine durch (sozial vermittelte) Erkenntnisleistungen konstruierte zugänglich ist, kaum denkbar.
Als Piaget 1980 im Alter von 84 Jahren starb, hinterließ er ein monumentales Werk von 400 Buch- und Zeitschriftenveröffentlichungen zu den verschiedensten Aspekten seines Untersuchungsgegenstandes. Allerdings findet sich darunter keine systematische Gesamtdarstellung seiner Theorie – mit einer Ausnahme: 1970 schrieb Piaget für ein Handbuch der Kinderpsychologie eine solche Gesamtdarstellung in englischer Sprache, die hier in deutscher Übersetzung mit ausführlichen Anmerkungen vorliegt, welche zu einem genauen Verständnis der Lektüre unbedingt hinzugezogen werden sollten.
Im Mittelpunkt dieses Buches stehen die Vorgänge wechselseitiger Anpassung zwischen dem erkennenden Subjekt und seiner Umwelt, mit deren Hilfe das Kind sich seine Wirklichkeit aneignet.

Der Autor:
Jean Piaget, 1896 in Neuchâtel geboren, 1980 in Genf gestorben, ist einer der bedeutendsten Wissenschaftler des 20. Jahrhunderts auf den Gebieten der Entwicklungspsychologie und Erkenntnistheorie. Seine vielfältigen Untersuchungen haben das philosophische, anthropologische, psychologische und soziologische Denken unserer Zeit grundlegend beeinflusst. – Als Beltz Taschenbuch ist von Jean Piaget außerdem das Buch »Über Pädagogik« lieferbar.

Der Herausgeber:
Reinhard Fatke, Jahrgang 1943, ist Professor für Pädagogik mit besonderer Berücksichtigung der Sozialpädagogik an der Universität Zürich und hat sich theoretisch und empirisch u.a. mit der Entwicklung von Ausdrucksformen des Kinderlebens befasst.

Jean Piaget

Meine Theorie der geistigen Entwicklung

Herausgegeben von Reinhard Fatke

Aus dem Amerikanischen von Hainer Kober

Die Originalausgabe des Textes im »Carmichael's Manual of Child Psychology« erschien 1970 im Verlag John Wiley & Sons, Inc., New York

Dieses Buch ist erhältlich als:
ISBN 978-3-407-22142-1 Print
ISBN 978-3-407-83225-2 E-Book (PDF)

4. Auflage 2016

Werderstraße 10, 69496 Weinheim
service@beltz.de

Der Abdruck der deutschen Übersetzung erfolgt mit freundlicher Genehmigung der S. Fischer Verlag GmbH, Frankfurt am Main.

Lektorat: Larissa Schönknecht
Herstellung: Lore Amann
Satz: WMTP, Birkenau
Umschlagabbildung: Jonathan Bachmann
Umschlaggestaltung: Michael Matl
Druck und Bindung: Beltz Grafische Betriebe, Bad Langensalza
Beltz Grafische Betriebe ist ein Unternehmen mit finanziellem Klimabeitrag (ID 15985-2104-1001).
Printed in Germany

Weitere Informationen zu unseren Autor:innen und Titeln finden Sie unter:
www.beltz.de

Inhalt

Einführung

von Reinhard Fatke

I.

»Ich habe noch nie selbst die Zeit gefunden, alle unsere Arbeiten in einem einzigen Band zusammenzufassen.« Dies schrieb Jean Piaget 1966 in seinem Vorwort zur deutschen Ausgabe der ersten umfassenden Gesamtdarstellung seines Werks durch Guido Petter. Statt selbst »eine synthetische Übersicht geben zu können«, habe er, Piaget, sich gezwungen gesehen, »eine zu lange Reihe von Büchern zu verfassen«. In der Tat, diese Reihe ist mit mehr als fünfzig Buchtiteln von eindrucksvoller Länge, und mehrere hundert Aufsatzveröffentlichungen kommen noch hinzu. Als wichtigste Gründe für diese Vielzahl und Vielfalt von Publikationen zu einzelnen Teilthemen seines Forschungsgegenstandes und gleichzeitig dafür, dass er bisher keine zusammenfassende Gesamtdarstellung geschrieben habe, gibt Piaget zum einen an, dass »die geistige Entwicklung des Kindes und des Jugendlichen eine äußerst komplexe Welt ist«, und zum anderen den Umstand, dass »unsere Analysen noch längst nicht abgeschlossen sind«.

So blieb es denn zunächst anderen Wissenschaftlern vorbehalten, den Versuch eines Überblicks bzw. einer Einführung in das Werk Piagets zu unternehmen. Neben dem erwähnten, zuerst auf Italienisch erschienenen Buch von G. Petter (1966) sind – als einige der Ersten – insbesondere die Darstellungen von J. McV. Hunt (1961) und J.H. Flavell

(1963) zu nennen, die zugleich den – relativ späten – Beginn der amerikanischen Piaget-Rezeption markieren. Ende der Sechziger- und Anfang der Siebzigerjahre wurden dann im Zuge einer allgemeinen Verbreitung der Piaget'schen Theorie in den USA in rascher Folge zahlreiche Einführungstexte veröffentlicht, von denen die von H.G. Furth (1969), H. Ginsburg/S. Opper (1969) und M.A. Pulaski (1971) herausgehoben werden sollen, zumal diese auch in deutscher Übersetzung vorliegen.

Im deutschen Sprachraum setzte die Aufnahme von Piagets Theorie und seinen Schriften verhältnismäßig spät ein. Obwohl insbesondere sein Schweizer Schüler Hans Aebli – sowie dessen Schüler Leo Montada – bereits in den Sechzigerjahren mit mehreren Büchern den Weg bahnten (Aebli 1963a, 1963b; Aebli et al. 1968; Montada 1970), blieben die Rezeption und vor allem eine Auseinandersetzung mit Piagets Werk noch lange auf einen kleinen Kreis, vorwiegend in der Psychologie, beschränkt. Im Grunde ist Piagets Theorie erst über die Vermittlung der amerikanischen Diskussion einem größeren Kreis von Wissenschaftlern, dann aber auch der interessierten Öffentlichkeit bekannt geworden. So sind denn in jüngerer Zeit auch einige weitere (deutschsprachige) Einführungen in Piagets Werk hinzugekommen, unter denen die folgenden hervorzuheben sind: Buggle 1985/2001; Kesselring 1988/1999; Scharlau 1996.

Dass dies alles so spät geschah und dazu noch auf dem »Umweg« über die USA, mag viele Gründe haben, unter anderem die lange vorherrschende reifungstheoretische und dann verhaltenstheoretische Orientierung der deutschsprachigen Entwicklungspsychologie sowie die Tatsache, dass ein Großteil von Piagets Veröffentlichungen lange Zeit nicht in deutscher Übersetzung vorlag (auch heute sind einige wichtige Schriften, vor allem aus seiner späten Schaffenszeit, immer noch nicht auf Deutsch erhältlich, so z.B. Piaget 1987; Piaget/Garcia 1989, 1991). Drei gewichtige Gründe aber dürften auch in Piagets Werk selber liegen: zum einen, weil er »zu viel über zu viele verschiedene Probleme geschrieben« hat, wie er selbst bekennt (in seinem Vorwort zu der erwähnten Gesamtdarstellung von J.H. Flavell 1963); zum anderen, weil er »kein leichter Autor« ist (ebd.), ebenfalls eine ehrliche und selbstkritische Charakterisierung seiner komplexen, schwierigen und zuweilen auch hermetischen Schreibweise; und schließlich, weil Piaget selbst keine systematische Zusammenschau seiner Grundannahmen, seiner Forschungsergebnisse und des theoretischen wie praktischen Ertrags seiner Arbeiten als eigenständige Schrift veröffentlicht hat.

Zwar gibt es einige Bücher von ihm, die einer solchen »synthetischen Übersicht« insofern nahe kommen, als sie sich seinen zentralen Fragestellungen widmen: etwa die *Psychologie der Intelligenz* von 1947 (dt. 1948), die dreibändige *Entwicklung des Erkennens* von 1950 (dt. 1973), die – zusammen mit B. Inhelder verfasste – *Psychologie des Kindes* von 1966 (dt. 1972), *Biologie und Erkenntnis* von 1967 (dt. 1974) sowie die *Einführung in die genetische Erkenntnistheorie* von 1970 (dt. 1973 und 1974). Aber letztlich behandeln diese Bücher immer nur Ausschnitte seiner Theorie, wenn auch solche, die ins Zentrum seines Denkens gehören.

Andererseits – wie könnte es einem Autor gelingen, seine in mehr als vierhundert Einzelpublikationen auf rund 20.000 Seiten dargelegten (siehe *Fondation Archives Jean Piaget* 1989) und immer weiter differenzierten Gedankengänge auf die wesentlichen Grundlinien zu komprimieren, insbesondere, wenn Piaget bis in seine letzten Lebensjahre hinein immer wieder versichert hat, seine Theorie sei noch nicht abgeschlossen, und wenn er sich stets als einen »Hauptrevisionisten« seines eigenen Denkens bezeichnet hat?

Und dennoch gibt es einen solchen Versuch aus Piagets eigener Feder. Vielleicht bedurfte es eines bestimmten äußeren Anlasses dazu. Dieser war gegeben, als der Herausgeber der revidierten dritten Auflage des mittlerweile längst als Standardwerk geltenden *Carmichael's Manual of Child Psychology* (1970), der amerikanische Entwicklungspsychologe Paul H. Mussen, Piaget um einen Beitrag für dieses Buch bat, in dem er selbst unter dem Titel »Piaget's Theory« sein Denken und sein Werk zusammenfassen sollte. Dabei konnte sich Piaget zum Teil auf einen Artikel stützen, den er 1968 für das französische *Journal International de Psychologie*, unter dem gleichfalls selbstbezüglichen Titel »Le point de vue de Piaget«, geschrieben hatte. Für die amerikanische Veröffentlichung erweiterte er diesen Aufsatz, reicherte ihn mit Beispielen an und strukturierte ihn vor allem unter systematischen Gesichtspunkten. Dieser gehaltvolle Text, der 1970 in dem genannten Handbuch erschien, wird hier in deutscher Übersetzung vorgelegt. Er ist eine systematisch umfassende, gedanklich dichte und sprachlich prägnante Darstellung der Grundlinien von Piagets Theorie.

II.

Gleich zu Beginn des vorliegenden Textes nennt Piaget drei Prozesse, in denen sich die Hauptprobleme seines Theorie- und Forschungsinteresses in gleicher Weise antreffen lassen: die Adaptation des Organismus an seine Umwelt, die Adaptation der Intelligenz beim Aufbau ihrer eigenen Strukturen und die Herstellung erkenntnistheoretischer Relationen.

Diese drei Prozesse weisen zugleich auf die Gebiete hin, die Piagets wissenschaftliche Heimat sind: die Biologie, die Psychologie und die Philosophie, oder genauer: die Erkenntnistheorie (vgl. zum folgenden auch Piagets Autobiographie [1976] sowie die Einführung in sein Leben und Werk von R. Fatke [1991/2003], ferner Ducret [1990]).

Die stark ausgeprägten naturwissenschaftlichen, insbesondere biologischen Interessen, die Piaget schon als Kind hatte, verfolgte er auch in seinem Studium, in dem er die Frage untersuchte, warum die verschiedenen Arten von Muscheln und Schnecken in den Schweizer Seen ganz unterschiedliche Formen ausprägen – je nachdem, ob sie in ruhigen Buchten oder an einem Ufer, das Wind und Wellen ausgesetzt ist, leben, je nachdem, ob sie in Ufernähe, in zwanzig Meter Tiefe oder ganz am Grund des Sees zu finden sind. Diese Variabilität der Formen erklärte Piaget aus dem Prozess der Adaptation, d.h. aus wechselseitig sich beeinflussenden Anpassungsvorgängen zwischen dem Organismus und seiner Umwelt. Diese Adaptation vollzieht sich in einer ständigen Konstruktion neuer Formen (vgl. Vidal 1994).

Die biologische Grundorientierung hat auch Piagets gesamtes späteres Denken bestimmt, mit der Konsequenz, dass er sich nicht so sehr für individuelle Unterschiede, sondern für die Gemeinsamkeiten, für die Invarianten, also das Unveränderliche, das Gesetzmäßige in der Entwicklung interessierte. Außerdem hat das Zusammenspiel von Organismus und Umwelt in der Entwicklung der Arten seine Sichtweise auch in der späteren Erforschung der Intelligenz und der erkenntnistheoretischen Relationen geprägt.

Das erkenntnistheoretische Problem beschäftigte Piaget ebenfalls bereits in seiner Jugend. Ausgelöst durch die Lektüre von Henri Bergsons Werk *L'évolution créatrice* (1907; dt. *Schöpferische Entwicklung* 1912), befasste er sich mit den Schriften von Immanuel Kant, Herbert Spencer, Auguste Comte und Emile Durkheim. Diese Philosophen bzw. Sozialwissenschaftler eröffneten ihm eine »unvermutete Perspektive: die mögliche Erforschung nicht nur der Erkenntnisobjekte, wie sie die lebendigen Wesen darstellen, sondern der Erkenntnis selbst, insbesondere der verschiedenen Formen der wissenschaftlichen Erkenntnis, die nicht nur in ihren Resultaten betrachtet, sondern selbst als konstruktiver Prozess verstanden werden konnten, als Produktion neuer Strukturen: jetzt aber Strukturen der Erkenntnis und nicht mehr der Materie« (Piaget 1974, S. 2).

Die Behandlung des Erkenntnisproblems, die in der traditionellen Philosophie unter der Fragestellung »Was ist Erkenntnis, und wie ist Erkenntnis möglich?« erfolgte, war für Piaget zu wenig »wissenschaftlich«, d.h. zu stark an »Spekulation« und philosophische »Reflexion« gebunden. Stattdessen suchte er nach einer verlässlichen Basis und glaubte, sie in den detaillierten und methodisch exakten Untersuchungen zu finden, die er aus der Biologie kannte. »So kam ich zu dem Entschluß, mein Leben der biologischen Erklärung der Erkenntnis zu widmen« (Piaget 1976, S. 20).

Jedoch fehlte ihm noch ein entscheidendes Glied in der Erklärungskette. Wenn nämlich die Erkenntnis als ein konstruktiver Prozess aufzufassen ist, der durch eine ständige Interaktion zwischen dem Subjekt und seiner Außenwelt gekennzeichnet ist und in dessen Verlauf die Strukturen der Erkenntnis sukzessiv aufgebaut werden, dann muss irgendwo der Beginn liegen, von dem dieser Prozess seinen Ausgang nimmt. Somit verlagerte sich für Piaget das erkenntnistheoretische Problem von der Frage »Wie ist Erkenntnis möglich?« zu der Frage: »Woraus entspringt Erkenntnis, und wie entwickelt sie sich?« – »Ich glaube, in diesem Augenblick entdeckte ich ein Verlangen, das nur durch die Psychologie befriedigt werden konnte.« (Piaget 1976, S. 20)

Folgerichtig beschäftigte sich Piaget – zuerst in Zürich,

danach in Paris – intensiv mit der Psychologie, insbesondere mit den Denk- und Erkenntnisprozessen bei Kindern, später auch bei Säuglingen. Er machte dabei die Entdeckung, (1) dass sich das Denken des Kindes von dem des Erwachsenen *qualitativ unterscheidet*, (2) dass man diese Andersartigkeit nicht mit herkömmlichen Tests erfassen kann, sondern nur in einer *freien Unterhaltung* (die Piaget in Anlehnung an die in der Psychoanalyse und der Psychiatrie angewandten Verfahren »*klinische Methode*« nannte), und (3) dass sich die Erkenntnis im Lauf ihrer Entwicklung von den frühesten Lebenstagen an durch die *aktive und konstruktive Rolle des Subjekts* aufbaut, und zwar *in einer unveränderlichen Folge von Stadien.*

Mit dieser Position, die Piaget selbst »konstruktivistisch« nennt, setzt er sich sowohl von den Empiristen und Behavioristen auf der einen Seite als auch von den Aprioristen und Reifungstheoretikern auf der anderen Seite kritisch ab. Während die einen davon ausgehen, dass alle Erkenntnis, vermittelt über die Sinneserfahrung des Subjekts, aus den Objekten selbst erwächst, während also Erkennen auf bloßes Abbilden der gegebenen Realität eingeschränkt und das Subjekt weitgehend auf eine zur Passivität verurteilten *tabula rasa* reduziert wird, leiten die anderen alle Erkenntnis aus präformierten Strukturen ab, zu denen vor allem die *a priori* gegebenen Kategorien Raum, Zeit und Kausalität (wie Kant sie dargestellt hatte) gehören und die den Objekten der Wahrnehmung aufgezwungen werden.

Piaget dagegen postuliert, dass solche im Subjekt vorhandenen Strukturen zwar Erkenntnis erst ermöglichen, dass aber diese Strukturen nicht *a priori* gegeben sind – und sich dann nur noch durch einen Reifungsprozess entfalten –, sondern dass sie erst nach und nach durch ein aktives Handeln des erkennenden Subjekts aufgebaut werden. In diesem

Licht hat Piaget seine Position auch als »dynamischen Kantianismus« bezeichnet (Piaget 1974, S. 3).

Das Problem, wie Erkenntnis im Kinde entsteht und sich im Lauf der menschlichen Entwicklung verändert, steht im Mittelpunkt von Piagets umfangreichem Werk und somit auch im Zentrum des vorliegenden Textes. In der Untersuchung des Problems verbindet sich Piagets philosophisch-erkenntnistheoretisches Hauptinteresse mit seiner biologischen Grundorientierung und seiner psychologischen Vorgehensweise.

III.

In insgesamt neun Kapiteln, gegliedert in 32 Abschnitte, entfaltet Piaget die Grundlinien seiner Theorie. Entsprechend seiner zentralen Fragestellung, erörtert er im ersten Kapitel zunächst die spannungsvolle und den gesamten Verlauf der Erkenntnisentwicklung bestimmende *Beziehung zwischen Subjekt und Objekt*. Im Mittelpunkt steht dabei die Klärung wichtiger Konzepte: »Transformation« – die Überführung eines Objekts in einen anderen Zustand durch die Handlung des Subjekts; »Konstruktion« – der aus der Interaktion zwischen Subjekt und Objekt hervorgehende Aufbau von Handlungskoordinationen; »Struktur« – das kognitive Geflecht von koordinierten Handlungsplänen.

Im zweiten Kapitel beschreibt Piaget die beiden zusammengehörigen Seiten des Prozesses, dessen dialektisches Wechselspiel die Erkenntnisstrukturen aufbaut, kurz: des Adaptationsprozesses. Es sind dies die *Assimilation*, die Integration externer Elemente in die sich entwickelnden oder schon vorhandenen Strukturen eines Organismus, und die *Akkommodation*, die Veränderung der vorhandenen Strukturen, entsprechend den besonderen Gegebenheiten der externen Elemente.

Wie der Aufbau der Strukturen im Lauf der menschlichen Entwicklung sich schrittweise vollzieht, ist Gegenstand des dritten Kapitels. Hier resümiert Piaget seine *Stadientheorie* und erläutert anhand von Beispielen seine Unterteilung in das Stadium der sensomotorischen Intelligenz (bis etwa eineinhalb/zwei Jahren), das Stadium des konkret-operatorischen Denkens (bis etwa elf/zwölf Jahren, mit einem entscheidenden Einschnitt im Alter von etwa sieben/acht Jahren) und das Stadium des formal-operatorischen Denkens (von zwölf/dreizehn Jahren an). Mehr Gewicht als auf die Altersangaben (die durchaus fließend sind!) legt Piaget auf den invarianten Charakter der Stadienfolge, und vor allem begründet er, warum es unsinnig sei, die Abfolge, etwa durch gezielte Trainingsmaßnahmen, beschleunigen zu wollen.

Der letzte Gedanke leitet über zum vierten Kapitel, in dem die *Beziehungen zwischen Entwicklung und Lernen* diskutiert werden. Beruht Entwicklung im Grunde auf Lernvorgängen und -fortschritten – oder setzt Lernen immer schon das Vorhandensein eines bestimmten Entwicklungsstandes voraus? Diese wichtige Frage, die insbesondere für die Pädagogik von großer Bedeutung ist, wird mit Hinweis auf zahlreiche Untersuchungsergebnisse beantwortet.

Kognitive Funktionen bestehen nicht nur aus Operationen, in denen Objekte transformiert und Handlungen koordiniert werden, sondern desgleichen aus Abbildungen oder Repräsentationen der Wirklichkeit, und zwar in Form von Wahrnehmungen, Nachahmungen und bildhaften Vorstellungen. Solche Repräsentationen machen den *figurativen Aspekt der kognitiven Funktionen* aus und bilden eine wichtige Ergänzung zum *operativen Aspekt*, insbesondere im Hinblick auf das Verständnis von Symbolspielen, Zeichnungen, inneren Bildern, aber auch von Wahrnehmung und Gedächtnis. Dies sind die Themen des fünften Kapitels.

Im sechsten Kapitel nimmt Piaget das Entwicklungsproblem noch einmal auf, diesmal unter der grundlegenden Fragestellung, welche Faktoren die Entwicklung vorantreiben. Hier ist für Piaget der zentrale Ort, sowohl seine Konzeption vom Zusammenspiel der drei *klassischen Entwicklungsfaktoren* – Reifung, Erfahrung und sozialer Einfluss – darzulegen als auch die Rolle der Äquilibration zu klären: eines vierten, organisierenden Faktors nämlich, der die anderen drei Faktoren zu einer schlüssigen, widerspruchsfreien Gesamtheit koordiniert.

Diesem wichtigen Konzept der *Äquilibration* widmet Piaget anschließend ein eigenes, das siebte Kapitel. Ihre Funktionsweise erläutert er in Verbindung mit der Herausbildung der operatorischen Strukturen. Zwar bedient er sich dabei der Sprache und der Konzepte, die aus der Logik stammen, aber die Bedeutung für das psychologische Verständnis der Strukturen und ihrer Entwicklung bleibt durchgehend sichtbar.

Da die operatorischen Strukturen in den verschiedenen Entwicklungsstadien nicht lediglich durch zunehmenden Ausbau und fortschreitende Differenzierung gekennzeichnet sind, sondern auch jeweils Neuartiges enthalten, klärt Piaget im achten Kapitel, wie es zu jener Konstruktion kommt, die Neuartigkeit schafft. Zu diesem Zweck führt er einen neuen Abstraktionstypus ein, den er »reflektierend« nennt (*abstraction réfléchissante*). Hierbei wird die Eigenschaft einer Operation auf eine andere Ebene der Operation transponiert, wodurch die Bereicherung um neue Elemente zustande kommt. Da eine solche reflektierende Abstraktion auch den allgemeinen Konstruktionsprozess in der Mathematik kennzeichnet, behandelt Piaget *die logisch-mathemati-*

schen Aspekte von Strukturen und erörtert ausführlich die Analogie zwischen dem Prozess des Aufbaus von kognitiven Strukturen in den Entwicklungsstadien von Kindern und in den Mechanismen der Äquilibration durch Selbstregulation auf der einen Seite und dem beständigen Konstruktionsprozess, dessen sich die Mathematik in ihrer Entwicklung bedient, auf der anderen Seite.

Den großen Bogen, den seine Ausführungen gezogen haben, schließt Piaget mit dem neunten Kapitel ab, in dem er den Weg *von der Psychologie zur genetischen Erkenntnistheorie* zusammenfasst und auch die Beziehungen seiner Theorie zur Biologie, Soziologie, Linguistik, Logik und Erkenntnistheorie verdeutlicht. Er erläutert nochmals den dynamischen Standpunkt seiner Erkenntnistheorie und resümiert seine »Theorie der Entwicklung kognitiver Funktionen« in einem prägnanten Schlussabsatz.

IV.

Piaget hat nicht nur der Erkenntnistheorie durch die biologische Begründung und die Erweiterung um die entwicklungspsychologische Dimension entscheidende neue Anstöße gegeben, sondern er hat vor allem mit seinem theoretischen System das Selbstverständnis des modernen Menschen auf neue Grundlagen gestellt. Dies stellt Piaget neben den anderen großen »System-Erbauer« (Anthony 1956) des 20. Jahrhunderts: Sigmund Freud. Während Freud vor allem Licht in das Dunkel des seelischen Geschehens gebracht hat, in die Dynamik des Unbewussten, in das Wesen der menschlichen Triebe, das Entstehen und die vielfältigen Umformungen der Gefühle, das Werden des menschlichen Selbst, hat Piaget unser bis dahin gültiges Wissen von der *geistigen Entwicklung* des Menschen – von den frühesten Lebenstagen bis in das Jugendalter hinein – geradezu revolutioniert.

Der Ausarbeitung dieser Theorie hat Piaget sein gesamtes Forscherleben gewidmet. Am 16. September 1980 starb er vierundachtzigjährig in Genf, nicht fern von seinem Geburtsort Neuchâtel, wo er am 9. August 1896 auf die Welt kam (vgl. zum folgenden wieder Piaget 1976; Fatke 1991/2003; Ducret 1990). Von seinen Jugendjahren, in denen er sich seinen naturwissenschaftlichen Forschungsinteressen hingab, war bereits die Rede. Nach seiner Promotion im Jahr 1918 mit einer Dissertation über die Weichtiere in den Walliser Seen geht er zunächst nach Zürich, um dort in E. Bleulers Psychiatrischer Klinik psychologische Forschungen aufzunehmen.

Die nächste Station in seinem Leben ist Paris, wo er (von 1919 an) in dem berühmten Psychologischen Laboratorium von A. Binet und Th. Simon arbeitet. Im Rahmen der Standardisierung von Intelligenztests beginnt er, sich für die Denkprozesse zu interessieren, die sich hinter den Antworten der Kinder auf die Testfragen verbergen, insbesondere den »falschen« Antworten. Erste Veröffentlichungen über die Begriffsentwicklung, die Anfänge des formalen Denkens und über das symbolische Denken beim Kind finden große Aufmerksamkeit.

Unter anderem tragen sie ihm die Einladung ein, am Genfer *Institut Jean-Jacques Rousseau*, das später als Lehrerbildungsstätte der Universität Genf angegliedert wird, seine Forschungen fortzuführen (von 1921 an). Bald erscheinen die ersten bedeutenden Bücher: über Sprechen und Denken, Urteil und Denkprozess, das Weltbild des Kindes, das Kausalitätskonzept und das moralische Urteil (s. Literaturverzeichnis am Ende der Einführung). Zwei Mängel, die ihm an diesen ersten Forschungen bewusst werden, bestärken ihn, sein Augenmerk noch stärker auf die Entwicklung am Lebensanfang zu legen:

(1) Durch die Beschränkung auf die sprachlichen Äußerungen des Kindes war ihm zunächst entgangen, dass sich die Anfänge der Erkenntnisstrukturen im *handelnden Umgang* mit der Objektwelt, im Manipulieren und Experimentieren, bilden und dass zwischen dem Stadium, in dem das Kind noch keine logischen Operationen vollziehen kann (zwischen zwei und sieben Jahren), und dem Erscheinen der formalen Logik (mit etwa elf/zwölf Jahren) ein eigenes weiteres Stadium beobachtet werden kann, in dem das Kind konkrete Operationen auszuführen in der Lage ist, ohne diese sprachlich schon darstellen zu können.

(2) Solange Piaget den Ursprung der Ganzheitsstrukturen, die charakteristisch für die logischen Operationen selbst sind, nicht in den konkreten Operationen suchte, konnte er auch die von ihm angenommene Entsprechung der Strukturen logischer Operationen und der Strukturen sozialer Wechselbeziehungen noch nicht nachweisen. In dieser Zeit machte er nun Bekanntschaft mit der Gestaltpsychologie (Wolfgang Köhler, Max Wertheimer) und ist durchaus von der Kohärenz dieser Theorie wie auch von der experimentellen Fundierung beeindruckt. Aber er erkennt auch, dass der Gestaltbegriff nicht dem Strukturtypus entspricht, der die logischen Operationen kennzeichnet: einer gleichsam höheren Form des Gleichgewichts, in dem sich die Teile und das Ganze wechselseitig erhalten. Er hält es vielmehr für notwendig, mehrere Stufen des Gleichgewichts zu differenzieren und die Untersuchung der Strukturtypen in einen genetischen, also entwicklungsbezogenen Ansatz zu integrieren.

Nachdem Piaget bereits seit 1921 als Privatdozent an der Naturwissenschaftlichen Fakultät der Universität Genf gelehrt hat, wird er 1925 mit einem Teil des Unterrichts seines

Lehrers, des Philosophen Arnold Reymond, an der Universität von Neuchâtel beauftragt. Er lehrt jetzt Philosophie der Naturwissenschaften, Psychologie und Soziologie. Außerdem unterrichtet er weiterhin Kinderpsychologie am Rousseau-Institut in Genf. – 1924 heiratet er Valentine Châtenay; aus der Ehe gehen zwei Töchter und ein Sohn hervor, deren Verhalten im Säuglings- und Kleinkindstadium Piaget minuziös und einfühlsam beobachtet und protokolliert sowie in seinen späteren Schriften immer wieder als Belege für seine Theorie heranzieht.

1929 kehrt Piaget wieder ganz an die Universität Genf zurück und wird u.a. Direktor des *Bureau International de l'Éducation*, das sich – später in enger Zusammenarbeit mit der UNESCO – international um eine Verbesserung des schulischen Unterrichtswesens bemüht. 1933 übernimmt er die Leitung des Instituts für Erziehungswissenschaften an der Universität Genf. Seine wissenschaftlichen Tätigkeiten in dieser Zeit haben vor allem drei Schwerpunkte: (1) Er arbeitet weiter an der Grundlegung einer Erkenntnistheorie, die die ontogenetische wie auch phylogenetische geistige Entwicklung miteinander verbindet; dazu dienen ihm Untersuchungen über das erstmalige Auftauchen und die weitere Geschichte der wichtigsten mathematischen, physikalischen und biologischen Begriffe. (2) Seine kinderpsychologischen Forschungen setzt er – vor allem mit Alina Szeminska und Bärbel Inhelder – fort, und zwar über die Entwicklung des Zahlbegriffs, des physikalischen Mengenbegriffs, des Raum- und des Zeitbegriffs beim Kinde. (3) Er entdeckt die Strukturen der operatorischen Ganzheit, indem er die konkreten Operationen beim sieben- bis elfjährigen Kind untersucht. Dabei findet er, dass das Kind eine bestimmte Operation nur erfassen kann, wenn es gleichzeitig imstande ist, Operationen zu koordinieren, indem es sie in verschiedenen, genau bestimmbaren Weisen modifiziert, z.B. indem es sie umkehrt. Umkehrbarkeit (Reversibilität) ist das entscheidende Merkmal dieser operatorischen Systeme, das zugleich für den Aufbau von Gleichgewichtszuständen des Denkens wichtig ist. Erst mit der Fähigkeit, durch eine logische Operation einen (beobachteten) Vorgang umzukehren, d.h. eine Veränderung gedanklich an ihren Ausgangspunkt zurückzuführen, ist das Kind auch in der Lage, die Invarianz (Unveränderlichkeit) und die Konstanz (Erhaltung) z.B. einer Menge, eines Volumens, eines Gewichts begrifflich zu erfassen. – Alle diese Fragen werden in zum Teil umfangreichen Publikationen erörtert.

Um diese Zeit setzt auch die erste Welle der internationalen Resonanz auf seine Forschungen ein. 1936 verleiht ihm die Harvard University im Rahmen ihrer Dreihundertjahrfeier die Ehrendoktorwürde, der später rund dreißig weitere Ehrendoktorate sowie ein Dutzend hoch angesehener internationaler Auszeichnungen folgen. Er wird Vorsitzender der Schweizer Gesellschaft für Psychologie und gibt zwei Fachzeitschriften heraus. 1940 übernimmt er Édouard Claparèdes Genfer Lehrstuhl für Experimentelle Psychologie. Wissenschaftlich widmet er sich in dieser Zeit zum einen der Entwicklung der Wahrnehmung des Kindes mit dem Ziel, die Beziehungen zwischen Wahrnehmung und Intelligenz genauer zu klären. Zum anderen beginnt er mit Untersuchungen über die Entwicklung der kindlichen Vorstellungen von Zeit, Bewegung und Geschwindigkeit. 1942 erhält er anlässlich der Einladung zu einer Vortragsserie am *Collège de France* die Gelegenheit, seine bisherigen Forschungen und seine Theorie der geistigen Entwicklung in einen systematischen Zusammenhang zu bringen. Diese Vorträge erscheinen unter dem Titel *La psychologie de l'intelligence* 1947 auf Französisch und bald darauf auch in deutscher (1948), englischer, schwedischer, italienischer, spanischer, portugiesischer und griechischer Sprache.

Die Nachkriegszeit hält für Piaget neue Möglichkeiten für ein pädagogisches Engagement bereit: Er wird zum Präsidenten der schweizerischen Kommission der UNESCO ernannt, nimmt an vielen internationalen Konferenzen zur Bildungspolitik und Pädagogik teil und verfasst im Auftrag der UNESCO eine Broschüre mit Manifest-Charakter über *Das Recht auf Erziehung* (1947; dt. 1975). Eine noch weiter gehende pädagogische Verpflichtung – etwa auf dem ihm angebotenen Posten eines stellvertretenden Generaldirektors im Ressort »Erziehung« der UNESCO – lehnt er aber zugunsten der Fortführung seiner Forschungsarbeiten ab. Diese widmet er der Entwicklung des räumlichen Denkens und der natürlichen Geometrie des Kindes sowie der Entwicklung des Zufallskonzepts. Vor allem aber konzentriert er sich nun darauf, eine dreibändige genetische Epistemologie zu schreiben, gleichsam die Summe seiner bisherigen erkenntnistheoretischen Untersuchungen auf biologischer Grundlage und in psychologischer Perspektive.

Es ergeben sich jedoch auch neue, umgreifendere Fragen, die einer genaueren Analyse bedürfen: u.a. die Klärung der Beziehungen zwischen den geistigen Strukturen und den Stadien der Nervenentwicklung, in der Absicht, damit zu einer allgemeinen Theorie der Strukturen gelangen zu können – ein Unterfangen, das unmöglich von einem Forscher allein bewältigt werden kann, auch nicht von einem so enzyklopädischen Geist wie Piaget. Deshalb arbeitet er in diesen Jahren auf die Gründung eines interdisziplinären Forschungszentrums hin, dessen Verwirklichung ihm 1956 zunächst mit Unterstützung der amerikanischen Rockefeller-Stiftung, dann des Schweizerischen Nationalfonds gelingt. Das *Centre International d'Épistémologie* widmet sich dem Ziel, die

Entwicklung der Erkenntnis in der Geschichte des wissenschaftlichen Denkens wie in der Entwicklung des Kindes zu erforschen. Es versammelt Forscher aus aller Welt und vielen Disziplinen (Biologie, Psychologie, Mathematik, Logik, Kybernetik, Physik), die in enger Kooperation eine Fülle von Einzelfragen untersuchen und den wissenschaftlichen Ertrag auf alljährlichen Symposien zur Diskussion stellen; ihre Studien veröffentlichen sie in der neugegründeten Reihe *Études d'épistémologie génétique*.

Piaget – der neben seinen Verpflichtungen in Genf seit 1952 auch eine Professur an der Sorbonne in Paris innehat und dort bis zu seiner Emeritierung im Jahr 1963 Entwicklungspsychologie lehrt – nutzt fortan den engen Austausch mit den Kollegen und Kolleginnen am *Centre*, um alte Themen mit neuen Konzepten und Methoden zu untersuchen (z.B. Kausalitätsbegriff, Raumvorstellung), neue Themen zu finden und interdisziplinär zu erforschen (z.B. Wahrnehmung, numerisches Schlussfolgern, Gedächtnis, Vorstellungsbilder). Diese Arbeiten führen immer wieder zu Bestätigungen, aber auch Weiterungen und Differenzierungen der Piaget'schen Theorie.

Neben vielen Publikationen zu Einzelfragen, an denen Piaget meist als Mitautor beteiligt ist, sind drei Bücher von besonderer Bedeutung: (1) ein zusammen mit Bärbel Inhelder in verständlicher Sprache für eine breite Leserschaft geschriebener Abriss der *Psychologie des Kindes* (1966; dt. 1972), der eine übersichtliche Einführung in seine Entwicklungspsychologie darstellt; (2) eine Auseinandersetzung mit der Philosophie, deren Vorgehen in Form von »Reflexion« und »Spekulation« nach seiner Meinung lediglich zu »Weisheit« führen könne; dem setzt Piaget die Methode der nachprüfbaren *wissenschaftlichen* Erkenntnis entgegen, mit der allein »Wahrheit« zu gewinnen sei (Piaget 1965; dt. 1974); (3)

der – seit langer Zeit von ihm geplante – Brückenschlag zwischen der biologischen Erforschung der Organismus-Umwelt-Relationen und der erkenntnistheoretischen Untersuchung der Beziehungen zwischen Verstand und Realität: mithin die Verbindung von *Biologie und Erkenntnis* (1967; dt. 1974).

In den Sechzigerjahren dann beginnt der Durchbruch der Piaget'schen Ideen, zuerst in den USA, später auch in Europa (vgl. hierzu G. Steiner 1978, 1981; Meljac u.a. 1998). Die Rezeption findet zunächst und vor allem in der Psychologie statt, dann aber – wenn auch schwächer und zögernder – in anderen Disziplinen wie der Philosophie, der Soziologie und nicht zuletzt der Pädagogik. Piagets Forschungen werden Gegenstand jährlich stattfindender Kongresse, Mittelpunkt der Aktivitäten verschiedener internationaler wissenschaftlicher Fachgesellschaften sowie einer eigenen *Piaget Society*. Die Zahl von Veröffentlichungen, in denen seine Untersuchungen wiederholt, abgewandelt, vertieft oder kritisiert worden sind, ist unüberschaubar geworden (Modgil 1974; Modgil u.a. 1983; Shuman u.a. 1985; Beilin/Pufall 1992; Smith 1996; Kofsky Scholnick u.a. 1999; siehe auch Lourenço/Machado 1996). Besonders die kulturvergleichenden Untersuchungen untermauern Piagets Theorie der geistigen Entwicklung in aufeinander aufbauenden Stadien zunehmender Verfeinerung der kognitiven Struktur (Dasen 1977).

Am nachhaltigsten ist Piagets Wirkung immer noch in der Entwicklungspsychologie. Aber auch in anderen Teilbereichen der Psychologie wird sein Werk rezipiert, z.B. in der Persönlichkeitspsychologie, der Psycholinguistik, der Sozialpsychologie, der Intelligenzforschung. Dagegen sind seine Beiträge zur Biologie kaum aufgenommen worden. In der Philosophie sind es vor allem seine erkenntnistheoretischen Ausführungen, die Anklang gefunden haben und weiterentwickelt worden sind. Ohne Piagets theoretische Anstöße ist die gegenwärtig einflussreiche wissenschafts- und erkenntnistheoretische Strömung des *Konstruktivismus* kaum denkbar (Fondation Archives Jean Piaget 1984; Smith 1993; Rusch/Schmidt 1994). Deren Prämisse ist es, dass die Wirklichkeit uns nur als eine durch (sozial vermittelte) Erkenntnisleistungen konstruierte zugänglich ist.

In der Pädagogik sind es vor allem die Bereiche der Didaktik und der Curriculumforschung, der Vorschulerziehung und der Spielpädagogik sowie insbesondere der moralischen Erziehung, in denen Piagets Denken und Forschen rezipiert worden ist (Katzenbach/Steenbuck 2000). Zur *Didaktik* hat Piaget auch selbst ausführlich Folgerungen aus seiner Theorie abgeleitet (Piaget 1999a, 1999b; Aebli 1963b; s. auch Furth/Wachs 1978; Kubli 1983; kritisch Fatke/Schweitzer 1983). Er entwickelt seine Vorstellungen von einem »aktiven Unterricht« in zum Teil scharfer Auseinandersetzung mit der herkömmlichen verbalen oder rezeptiven Methode, die ihren Kern in der Vermittlung des Stoffs durch den Lehrer hat. Der Lernertrag ist dabei gering, weil, wenn wir das Kind etwas lehren, es daran hindern, Lösungen selbstständig zu finden. Piaget kritisiert auch die sozialen Wirkungen eines solchen Unterrichts, der zu Konformismus und Gehorsam führt statt zu einer Kooperation, die von wechselseitigem Austausch und gegenseitiger Kontrolle gekennzeichnet ist: den wichtigsten Voraussetzungen für die Entwicklung von Autonomie – im Leistungs- wie im Sozialverhalten.

Auch die so genannte *anschauliche* oder *audiovisuelle Methode*, die mit der Entwicklung der Unterrichtstechnologie an Bedeutung gewonnen hat, wird von Piaget kritisiert. Zwar stelle sie mit ihrer Verwendung von Anschauungsmaterial (Gegenständen, Bildern, Filmen etc.) einen Fortschritt gegenüber der rein verbalen Vermittlung dar, aber sie liefere letztlich doch nur *bildhafte Vorstellungen* von den Gegenständen und Vorgängen, reduziere somit Erkenntnis auf den (untergeordneten) *figurativen* Aspekt, statt die *operatorische* Aktivität zu fördern. Diese aber setze Aktionen – manueller oder gedanklicher Art – voraus, die die Realität verändern, damit der Mechanismus der Veränderungen begriffen und so die Realität in die kognitive Struktur eingegliedert werden kann. Anschauung sei allenfalls in der Lage, als Hilfsmittel im Sinne von Zusatzmaßnahmen oder geistigen Stützen zu dienen (Piaget 1999a, S. 66).

Die einzige dem kindlichen Denken angemessene und im Hinblick auf Lernleistungen wirkungsvolle Methode ist für Piaget die des *aktiven Unterrichts* (Piaget 1999a). Das Zentrum dieses didaktisch-methodischen Ansatzes bilden Handlungen, mit denen das Kind die Objekte oder Ereignisse transformieren und diese dann in seine Operationssysteme eingliedern und erst somit eigene Erkenntnisse gewinnen kann. Solche Handlungen sind freilich nicht auf Tätigkeiten mit den Händen beschränkt, sondern sie entfalten sich am wirkungsvollsten in den operatorischen Aspekten des Denkens. Deshalb zieht Piaget auch keine Parallelen zu reformpädagogischen Betriebsamkeiten einer manuell (miss-)verstandenen Arbeitsschule, sondern erinnert an Jean-Jacques Rousseau, Johann Heinrich Pestalozzi, Friedrich Fröbel und John Dewey, vor allem aber an den französischen Reformpädagogen Célestin Freinet, bei dem die Schulung des Verstandes, die Entwicklung des Interesses und die Förderung des Sozialverhaltens eine enge Verbindung eingegangen sind.

Aus dieser Kennzeichnung der »aktiven Methode« wird freilich auch deutlich, dass ihr Gelingen wesentlich von der Rolle des Lehrers bzw. der Lehrerin abhängt. Deren wichtigste Aufgabe besteht darin, ein Arrangement von Lernproblemen zu schaffen und Wege zum aktiven Umgang mit den Problemen bereitzustellen, aber auch sich selbst im Hintergrund als Ressource zur Verfügung zu halten und gegebenenfalls mit mäeutischen Fragen nach Art des Sokrates den Lösungsversuchen der Kinder in die richtige Richtung zu verhelfen. Es wäre ein Missverständnis der Piaget'schen Konzeption, wenn man meinte, die Lehrperson müsse sich aus dem Unterricht ausblenden und die Kinder der vorbereiteten Situation und dem aufbereiteten Material überlassen. Gegen einen solchen didaktischen Ansatz, wie Piaget ihn bereits in den Dreißigerjahren in einer englischen Einrichtung von Susan Isaacs kennen gelernt hatte, macht Piaget vor allem die Notwendigkeit einer Systematisierung von Seiten der Lehrperson geltend und weist darauf hin, wie unumgänglich eine rationale, deduktive Aktivität ist (Piaget 1999a, S. 139f.).

Das unterrichtsmethodische Prinzip der Aktivität hat Geltung für alle Unterrichtsfächer. Dennoch beschränkt sich ein großer Teil der didaktischen Umsetzungsversuche von Piagets Theorie auf den Mathematikunterricht. Zwar scheint dies nahe zu liegen angesichts der Betonung, die die »logisch-mathematischen Strukturen« bei Piaget erfahren; dennoch nimmt es wunder, weil es sich hierbei ja um *allgemeine* Strukturen zur Informationsverbreitung, zur Weltaneignung schlechthin handelt und weil eine Übertragung der didaktischen Implikationen aus Piagets Werk auch auf andere Fächer (z.B. Sprache, Geschichte, Naturwissenschaften, Geographie, Musik) vielversprechend erscheint.

Große pädagogische Bedeutung misst Piaget auch der *Arbeit in Gruppen* zu (Piaget 1999b). Sie verlangt die Koordination von Aktivitäten: eine entscheidende Voraussetzung für die Ausbildung reversibler Operationen. Die Gleichaltrigen als Bezugsgruppe sind in diesem Sinne für die Ausbildung sozialer und moralischer Orientierungen von nicht zu überschätzender Bedeutung, weil nur sie die Ablösung von außengeleiteten (heteronomen) Vorstellungen, wie sie in erster Linie durch die Eltern übermittelt werden, durch innengeleitete (autonome) Überzeugungen sicherstellen. – Die Entwicklung *sozialer Einstellungen und moralischer Überzeugungen* ist besonders von Kohlberg (1974; 1996) zum Gegenstand weiterer Untersuchungen gemacht worden, wobei entscheidende Verfeinerungen an Piagets ursprünglicher Konzeption vorgenommen worden sind. Kohlberg hat in seinen Ansatz auch die Affektivität und das reale Sozialverhalten integriert und zur Grundlage einer ganzen Sozialisationstheorie gemacht. Von hier aus sind weitere wichtige Anstöße für die *Moralerziehung* (z.B. Oser/Fatke/Höffe 1986; Oser/Althof 2001; Edelstein u.a. 2001) sowie für die *Peergroup-Forschung* (z.B. Selman 1984; Youniss 1994; Krappmann/Oswald 1995) ausgegangen.

Die Rezeption Piagets in der *Vorschulerziehung* führte zu einer recht einseitigen Betonung der *intellektuellen* Förderung: Sprache, logisches Denken, Mathematik (Stendler-Lavatelli 1976; Saunders/Bingham-Newman 1984). Spiel, Phantasie, Sozialverhalten, Gefühlswelt blieben weitgehend unberücksichtigt. Die meisten Vorschulprogramme, die sich auf Piaget berufen, gründen zudem auf einem weiteren Missverständnis: Piagets detaillierte Beschreibung der Stufenfolge in der Entwicklung des Kindes wie auch der Untersuchungsinstrumente (Aufgaben, Experimente, Befragungen), mit denen er die Stufen abgrenzen und charakterisieren konnte, wurden so umgesetzt, dass als Ziel der vorschulischen Erziehung eine *Beschleunigung* im Durchlaufen der Stufenfolge angestrebt und als Mittel dafür ein gezieltes *Training* mit Hilfe der sog. »Piaget-Aufgaben« eingesetzt wurde. Dies Vorgehen verkennt jedoch die Tatsache, dass zum optimalen

Aufbau der Strukturen eine hinreichende Zeitspanne und genügend Möglichkeiten zum Festigen und Ausbauen des jeweils Erreichten unerlässlich sind (siehe auch Bringuier/Piaget 1996; Duckworth 1977).

Wichtiger noch als die Anstöße, die von Piagets Theorie auf die genannten Bereiche ausgegangen sind, dürfte aber die Tatsache sein, dass Piagets biologisch fundierte und entwicklungspsychologisch erweiterte Erkenntnistheorie eine *neue Sicht des Kindes* begründet hat, die auch die neuere – sozialkonstruktivistisch inspirierte – Kindheitsforschung bestimmt (z.B. Scholz 1994; Honig 1999): Das Kind kommt in den Blick als ein *aktives* Wesen, das sich entwickelt, indem es in eine Auseinandersetzung mit der Welt eintritt, diese strukturiert und dabei sie und sich selbst verändert; als ein *kompetentes* Wesen, das zunehmend über Fähigkeiten zur Weltaneignung verfügt und im Vergleich zum Erwachsenen nicht als »defizitär«, sondern als »different«, als *qualitativ andersartig* anzusehen ist; als ein *Interaktionspartner*, der nicht ausschließlich nach den Vorstellungen der Erwachsenen geformt, gebildet, »sozialisiert« wird, sondern seinerseits auch auf den Erwachsenen einwirkt und somit seine Sozialisation und Erziehung, seine Bildungsprozesse aktiv mitgestaltet.

Die Sichtweise der Erwachsenen auf Kinder ist denn zugleich auch Angelpunkt jeder Erziehung und jeder Pädagogik: »Ist die Kindheit ein notwendiges Übel, oder haben die Charakteristika der kindlichen Mentalität eine funktionelle Bedeutung, aus der sich eine echte Aktivität ergibt? Je nach der Antwort auf diese fundamentale Frage kann die Beziehung zwischen der Erwachsenengesellschaft und dem Kind als einseitig oder wechselseitig begriffen werden. Im ersten Fall werden dem Kind von außen her die fix und fertigen Produkte des Wissens und der Moralität der Erwachsenen beigebracht; die erzieherische Relation besteht einerseits aus

Zwang, andererseits aus Hinnahme. Von einem solchen Standpunkt aus haben die Schularbeiten – sogar die individuellsten, wie einen Aufsatz schreiben, in eine Fremdsprache übersetzen, eine mathematische Aufgabe lösen – weniger mit der echten Aktivität des spontanen und persönlichen Herausfindens zu tun als vielmehr mit oktroyierter Übung oder dem Kopieren eines äußeren Vorbilds; die innerlichste Moral des Schülers beruht mehr auf Gehorsam als auf Selbständigkeit. Dagegen wird in dem Maß, als man der Kindheit eine echte Aktivität zubilligt und die Entwicklung des Verstandes in ihrer Dynamik begreift, die Beziehung zwischen den zu erziehenden Individuen und der Gesellschaft wechselseitig: Das Kind möchte das Erwachsensein nicht erreichen, indem es die Vernunft und die Regeln des Benehmens fertig übernimmt, sondern indem es sie durch seine Bemühungen und seine persönliche Erfahrung erwirbt; umgekehrt erwartet die Gesellschaft von den neuen Generationen Besseres als eine Nachahmung: eine Bereicherung ihres Daseins.« (Piaget 1999a, S. 140f.)

V.

Abschließend sei noch etwas zum Text der vorliegenden Ausgabe gesagt. Wie eingangs erwähnt, basiert die deutsche Ausgabe auf dem englischsprachigen Beitrag, den Piaget für die dritte Auflage von *Carmichael's Manual of Child Psychology* zur Verfügung gestellt hat. Piaget merkt in einer Fußnote an, dass der Text »eine Zusammenfassung früherer Publikationen [ist], aber auch neuere und [bis dahin] noch unveröffentlichte Arbeiten des Verfassers und seiner Mitarbeiter und Kollegen einbezieht«. Der in dieser Weise erweiterte französische Text wurde von G. Cellérier (Genf) und J. Langer (Berkeley) mit Unterstützung von B. Inhelder und H. Sinclair ins Englische übersetzt.

Für diese deutschsprachige Ausgabe stand dem deutschen Übersetzer lediglich der englische Text zur Verfügung. Der Herausgeber, dem u.a. auch die Redaktion der deutschen Übersetzung oblag, konnte aber die französische Veröffentlichung zur Kontrolle heranziehen. Beim Vergleich des französischen und des englischen Textes stellte sich heraus, dass an einigen Stellen der englische Text sprachlich vom französischen Original abweicht und deshalb schwerer verständlich ist oder begrifflich unklar bleibt. Die notwendige Eindeutigkeit konnte dann nur mit Hilfe des französischen Originals wiederhergestellt werden.

Dies führte unter anderem dazu, dass sich der Herausgeber dafür entschied, den – von Piaget übrigens durchgehend verwendeten – Begriff *opératoire* mit »operatorisch« wiederzugeben, statt wie im Englischen »operational« zu benutzen. Piaget selbst vermerkt (in Abschnitt 16 des vorliegenden Textes), dass sich dieser Begriff auf die »Operatoren« bezieht. »Operational« wäre zwar nicht verkehrt, da er auf die Operationen bezogen ist und insofern den gleichen Sachverhalt trifft; aber falsch wäre es – wie es in anderen deutschen Übertragungen oftmals geschieht –, »operativ« zu übersetzen, weil mit diesem Begriff bei Piaget etwas anderes gemeint ist (siehe dazu seine Ausführungen in Kapitel V); nicht zutreffend scheint auch der – in wieder anderen Übersetzungen auftauchende – Begriff »operationell« zu sein. Im Sinne einer Vereinheitlichung wird hier – in Übereinstimmung mit einigen vorliegenden Übersetzungen – vorgeschlagen, in Anlehnung an den von Piaget gebildeten Begriff, den Ausdruck »operatorisch« zu verwenden.

Nicht ganz so einheitlich verwendet Piaget die Bezeichnung für die Abschnitte der Entwicklung im Kindesalter.

Überwiegend benutzt er *stades* = Stadien. Es finden sich aber auch die Bezeichnungen *périodes, étapes* und *niveaux* (Perioden oder Phasen, Abschnitte, Ebenen). Im deutschen Text wurde deshalb keine begriffliche Vereinheitlichung vorgenommen, sondern jeweils entsprechend dem französischen Original übersetzt.

Besondere Schwierigkeiten ergaben sich bei den zahlreichen mathematischen Fachbegriffen, die in anderen Übersetzungen zum Teil mit verschiedenen Ausdrücken wiedergegeben werden. Der Herausgeber bemühte sich hier – mit Unterstützung eines Mathematikers und eines Physikers – um begriffliche Korrektheit. Freilich erfuhr er auch, dass die Piaget'schen Notationen nicht immer den internationalen Gepflogenheiten entsprechen, sondern manchmal eher seltene Varianten davon sind, und dass einiges sogar »wolkig« bleibe, wie der Mathematiker meinte. Solche, aber auch andere Fälle werden im Anschluss an den Text im Anmerkungsteil vermerkt. Hier finden sich auch weitere Hinweise, die das Verständnis erleichtern sollen.

Einigen Leserinnen und Lesern mag trotz der – insgesamt kurz gehaltenen – Anmerkungen manches am Text erläuterungsbedürftig bleiben. Dennoch ist auf ausführliche Erklärungen im Anmerkungsteil verzichtet worden, zum einen, weil daraus leicht ein Text entstanden wäre, der den Umfang des Originals übertroffen hätte; zum anderen, weil das den Charakter des Piaget-Textes konterkariert hätte, denn es handelt sich hierbei wohlgemerkt nicht um eine Einführung, sondern eher um eine *systematische Summe seines Denkens*, die mitunter eine gewisse Kenntnis seiner Werke voraussetzt. Aus dem Grunde hat der Herausgeber, wo es ihm sinnvoll erschien, auf entsprechende Werke Piagets verwiesen, welche die Funktion von weiterführenden Erläuterungen übernehmen können.

Außer Anmerkungen sind in der vorliegenden Ausgabe an einigen Stellen auch grafische Hervorhebungen hinzugefügt worden: grau unterlegte Textpassagen, die teils zentrale, teils zusammenfassende Formulierungen markieren und die Lektüre zu strukturieren und zu erleichtern in der Lage sind.

Möge diese Veröffentlichung dazu beitragen, dass das Werk eines großen Forschers und Gelehrten, der unser Denken über Kinder und ihre Entwicklung sowie grundsätzlich über das menschliche Erkennen grundlegend verändert und nachhaltig geprägt hat, durch eine fruchtbare Auseinandersetzung, durch »Assimilation« und »Akkommodation«, in den verschiedensten wissenschaftlichen Disziplinen, aber auch im praktischen Umgang mit Kindern, von einem ständig wachsenden Kreis von Fachleuten und interessierten Laien angeeignet wird.

Literatur

Aebli, H.: Über die geistige Entwicklung des Kindes. Stuttgart 1963. (a)

Aebli, H.: Psychologische Didaktik. Didaktische Auswertung der Psychologie von Jean Piaget. Stuttgart 1963. (b)

Anthony, E.J.: The system makers: Piaget and Freud. In: British Journal of Medical Psychology 30 (1957), S. 255–269.

Aebli, H./Montada, L./Schneider, U.: Über den Egozentrismus des Kindes. Stuttgart 1968.

Beilin, H./Pufall, P. (Eds.): Piaget's Theory – Prospects and Possibilities. Hillsdale 1992.

Bringuier, J.-C./Piaget, J.: Im allgemeinen werde ich falsch verstanden. Hamburg 1996.

Buggle, F.: Die Entwicklungspsychologie Jean Piagets. Stuttgart 1985; 4. Aufl. Stuttgart 2001.

Dasen, P.R. (Ed.): Piagetian Psychology. Cross-Cultural Contributions. New York 1977.

Duckworth, E.: Either we're too early and they can't learn it or we're too late and they know it already: The dilemma of ›Applying Piaget‹. In: Harvard Educational Review 49 (1979), S. 297–312.

Ducret, J.J.: Jean Piaget: Biographie et parcours intellectuel. Neuchâtel 1990.

Edelstein, W./Oser, F./Schuster, P. (Hrsg.): Moralische Erziehung in der Schule. Weinheim, Basel, Berlin 2001.

Fatke, R.: Jean Piaget. In: Klassiker der Pädagogik. Bd. II. Hrsg. v. H. Scheuerl. 2. Aufl. München 1991, S. 290–314. Neuausgabe: Hrsg. v. H.-E. Tenorth. Bd. 2. München 2003.

Fatke, R./Schweitzer, F.: Wider die didaktische Verengung Piagets in der Pädagogik. In: Neue Sammlung 23 (1983), S. 102–123.

Flavell, J.H.: The Developmental Psychology of Jean Piaget. New York 1963.

Fondation Archives Jean Piaget (Ed.): Le constructivisme aujourd'hui. Genf 1984.

Fondation Archives Jean Piaget (Ed.): Bibliographie Jean Piaget. Genf 1989.

Furth, H.G.: Piaget and Knowledge. Theoretical Foundations. Englewood Cliffs, N.J. 1969. (Deutsch: Intelligenz und Erkennen. Die Grundlagen der genetischen Erkenntnistheorie Piagets. Frankfurt a.M. 1972.)

Furth, H.G./Wachs, H.: Denken geht zur Schule. Piagets Theorie in der Praxis. Weinheim, Basel, Berlin 1978.
Ginsburg, H./Opper, S.: Piagets Theory of Intellectual Development. An Introduction. Englewood Cliffs, N.J. 1969. (Deutsch: Piagets Theorie der geistigen Entwicklung. Stuttgart 1975.)
Hunt, J. McV.: Intelligence and Experience. New York 1961.
Honig, M.-S.: Entwurf einer Theorie der Kindheit. Die generationale Ordnung. Frankfurt a.M. 1999.
Katzenbach, D./Steenbuck, O. (Hrsg.): Piaget und die Erziehungswissenschaft heute. Frankfurt a.M. 2000.
Kesselring, Th.: Jean Piaget. München 1988; 2. Aufl. München 1999.
Kofsky Scholnick, E., u.a. (Eds.): Conceptual Development – Piaget's Legacy. Hillsdale, N.J. 1999.
Kohlberg, L.: Die Psychologie der Moralentwicklung. Frankfurt a.M. 1996.
Kohlberg, L.: Zur kognitiven Entwicklung des Kindes. Frankfurt a.M. 1974.
Krappmann, L./Oswald, H.: Alltag der Schulkinder. Beobachtungen und Analysen von Interaktionen und Sozialbeziehungen. Weinheim/München 1995.
Kubli, F.: Erkenntnis und Didaktik – Piaget und die Schule. München 1983.
Lourenço, O./Machado, A.: In defense of Piaget's theory: A reply to 10 common criticisms. In: Psychological Review 103 (1996), S. 143–164.
Meljac, C./Voyazopoulos, R./Hatwell, Y. (Hrsg.): Piaget après Piaget. Evolution des modèles, richesse des pratiques. St. Etienne 1998.
Modgil, S.: Piagetian Research. A Handbook of Recent Studies. Windsor 1974.
Modgil, S./Modgil, C./Brown, G. (Eds.): Jean Piaget – An Interdisciplinary Critique. London 1983.
Montada, L.: Die Lernpsychologie Jean Piagets. Stuttgart 1970.
Oser, F./Althof, W.: Moralische Selbstbestimmung. Modelle der Entwicklung und Erziehung im Wertebereich. Stuttgart 4. Aufl. 2001.
Oser, F./Fatke, R./Höffe, O. (Hrsg.): Transformation und Entwicklung. Grundlagen der Moralerziehung. Frankfurt a.M. 1986.
Petter, G.: Die geistige Entwicklung des Kindes im Werk von Jean Piaget. Bern/Stuttgart 1966.
Piaget, J.: Le langage et la pensée chez l'enfant. Neuchâtel 1923. (Deutsch: Sprechen und Denken des Kindes. Düsseldorf 1972.)
Piaget, J.: Le jugement et le raisonnement chez l'enfant. Neuchâtel 1924. (Deutsch: Urteil und Denkprozeß des Kindes. Düsseldorf 1972.)

Piaget, J.: La représentation du monde chez l'enfant. Paris 1926. (Deutsch: Das Weltbild des Kindes. Stuttgart 1978.)
Piaget, J.: La causalité physique chez l'enfant. Paris 1927.
Piaget, J.: Le jugement moral chez l'enfant. Paris 1932. (Deutsch: Das moralische Urteil beim Kinde. Zürich 1954.)
Piaget, J.: La psychologie de l'intelligence. Paris 1947. (Deutsch: Psychologie der Intelligenz. Zürich 1948.)
Piaget, J.: Le droit à l'éducation dans le monde actuel. Paris 1947. (Deutsch: Das Recht auf Erziehung. München 1975.)
Piaget, J.: Introduction à l'épistémologie génétique. 3 vols. Paris 1950. (Deutsch: Die Entwicklung des Erkennens. Stuttgart 1973.)
Piaget, J.: Sagesse et illusions de la philosophie. Paris 1965. (Deutsch: Weisheit und Illusionen der Philosophie. Frankfurt a.M. 1974.)
Piaget, J.: Biologie et connaissance. Paris 1967. (Deutsch: Biologie und Erkenntnis. Über die Beziehungen zwischen organischen Regulationen und kognitiven Prozessen. Frankfurt a.M. 1974.)
Piaget, J.: Le point de vue de Piaget. In: Journal International de Psychologie 3 (1968), S. 281–299.
Piaget, J.: Piaget's theory. In: Carmichael's Manual of Child Psychology. Ed. P.H. Mussen. 3rd. Edition. Vol. l. New York 1970, S. 703–732.
Piaget, J.: L'épistémologie génétique. Paris 1970. (Deutsch: Einführung in die genetische Erkenntnistheorie. Vier Vorlesungen. Frankfurt a.M. 1973. Abriß der genetischen Epistemologie. Olten 1974.)
Piaget, J.: Lebendige Entwicklung. In: Zeitschrift für Pädagogik 20 (1974), S. 1–6.
Piaget, J.: Gesammelte Werke. 10 Bände. Stuttgart 1975.
Piaget, J.: Autobiographie. In: Jean Piaget – Werk und Wirkung. München 1976, S. 15–59.
Piaget, J.: Possibility and Necessity. 2 vols. Minneapolis 1987.
Piaget, J.: Meine Theorie der geistigen Entwicklung. Frankfurt a.M. 1985; Neuausgabe: Weinheim, Basel, Berlin 2003.
Piaget, J.: Theorien und Methoden der modernen Erziehung. 9. Aufl. Frankfurt a.M. 1999. (a)
Piaget, J.: Über Pädagogik. Weinheim, Basel, Berlin 1999. (b)
Piaget, J./Garcia, R.: Psychogenesis and the History of Science. New York 1989.
Piaget, J./Garcia, R.: Toward a Logic of Meanings. Hillsdale, N.J. 1991.
Piaget, J./Inhelder, B.: La psychologie de l'enfant. Paris 1966. (Deutsch: Die Psychologie des Kindes. Olten 1972.)
Pulaski, M.A.: Understanding Piaget. An Introduction to Children's

Cognitive Development. New York 1971. (Deutsch: Piaget – Eine Einführung in seine Theorien und sein Werk. Ravensburg 1975.)
Rusch, G./Schmidt, S.J. (Hrsg.): Piaget und der radikale Konstruktivismus. Frankfurt a.M. 1994.
Saunders, R./Bingham-Newman, A.M.: Piagetian Perspective for Preschools. Englewood Cliffs, N.J. 1984.
Scharlau, I.: Jean Piaget zur Einführung. Hamburg 1996.
Scholz, G.: Die Konstruktion des Kindes. Über Kinder und Kindheit. Opladen 1994.
Selman, R.: Die Entwicklung des sozialen Verstehens. Frankfurt a.M. 1984.
Shuman, V.L., u.a. (Eds.): The Future of Piagetian Theory: The Neo-Piagetians. New York 1985.
Smith, L. (Ed.): Critical Readings on Piaget. London 1996.
Smith, L.: Necessary Knowledge. Piagetian Perspectives on Constructivism. Hillsdale, N.J. 1993.
Steiner, G. (Hrsg.): Piaget und die Folgen. (Die Psychologie des 20. Jahrhunderts, Bd. VII.) Zürich 1978.
Steiner, G.: Piaget gestern, heute – und morgen? Ein Essay über die Wirkung der Theorie des großen Genfers. In: Zeitschrift für Entwicklungspsychologie und Pädagogische Psychologie 13 (1981), S. 3–35.
Stendler-Lavatelli, C.: Früherziehung nach Piaget. Wie Kinder Wissen erwerben. Ein Programm zur Förderung der kindlichen Denkoperationen. München 1976.
Vidal, F.: Piaget before Piaget. Cambridge, Mass. 1994.
Youniss, J.: Soziale Konstruktion und psychische Entwicklung. Frankfurt a.M. 1994.

Jean Piaget

Meine Theorie der geistigen Entwicklung

Vorbemerkung

Meine Theorie, die sich hauptsächlich mit der Entwicklung der kognitiven Funktionen befasst, kann nicht verstanden werden, wenn wir nicht zuvor die biologischen Voraussetzungen, auf denen sie beruht, und die erkenntnistheoretischen Konsequenzen, zu denen sie führt, eingehend analysieren. Denn die grundlegende Annahme der hier zusammengefassten Gedanken lautet, dass sich die gleichen Probleme und die gleichen Erklärungstypen in folgenden drei Prozessen antreffen lassen:

a) in der Adaptation eines Organismus an seine Umwelt im Verlauf seines Wachstums und in Verbindung mit den Interaktionen und Selbstregulationen, die die Entwicklung des »epigenetischen Systems« kennzeichnen (Epigenese im embryologischen Sinne ist stets zugleich von innen und von außen bestimmt);

b) in der Adaptation der Intelligenz beim Aufbau ihrer eigenen Strukturen, die ebenso sehr von zunehmender innerer Koordinierung wie von erfahrungsvermittelter Information abhängt;

c) in der Herstellung kognitiver oder – allgemeiner – erkenntnistheoretischer Relationen, die weder schlichtes Abbild externer Objekte noch bloße Entfaltung von im Subjekt vorgeformten Strukturen sind, sondern eine Gesamtheit von Strukturen darstellen, welche durch ständige Interaktion zwischen Subjekt und Außenwelt fortschreitend aufgebaut werden.

Wir beginnen mit dem letzten Punkt, weil sich meine Theorie hier am weitesten von den Konzepten der meisten Psychologen und vom ›gesunden Menschenverstand‹ entfernt.

I.
Die Beziehung zwischen Subjekt und Objekt

1.

Nach landläufiger Auffassung ist die Außenwelt vom Subjekt völlig getrennt, obwohl sie den Körper des Subjekts mit einschließt. Danach scheint objektive Erkenntnis einfach das Ergebnis einer Gesamtheit von Registrierungsakten der Wahrnehmung, motorischen Assoziationen, sprachlichen Beschreibungen und Ähnlichem zu sein, die alle an der Herstellung einer Art figurativen Abbilds oder – in C. L. Hulls Terminologie – »funktionalen Abbilds« von Objekten und den Verbindungen zwischen ihnen beteiligt sind. Die einzige Aufgabe der Intelligenz bestehe darin, diese verschiedenen Informationsmengen systematisch einzuordnen, zu verknüpfen, zu korrigieren usw.; je wirklichkeitsgetreuer die entscheidenden Abbilder in diesem Prozess seien, desto widerspruchsfreier werde das resultierende System sein. Unter solch empiristischem Blickwinkel bezieht die Erkenntnis ihren Inhalt von außen, und die Koordinierungsakte, die ihn in eine Ordnung bringen, sind nur die Folge von Sprache und symbolischen Werkzeugen.

Tatsächlich aber stehen alle Entwicklungsstufen, vor allem die sensomotorischen und vorsprachlichen Stufen der kognitiven Adaptation und der Intelligenz, im Widerspruch zu diesem passiven Verständnis des Erkenntnisaktes. Um nämlich Objekte zu erkennen, muss das Subjekt auf sie einwirken und infolgedessen transformieren: Es muss sie von der

Stelle bewegen, verbinden, in Beziehung zueinander setzen, auseinander nehmen und wieder zusammensetzen.

Von den elementarsten sensomotorischen Handlungen (wie Stoßen und Ziehen) bis hin zu den kompliziertesten intellektuellen Operationen, welche verinnerlichte, gedanklich ausgeführte Handlungen sind (z.B. Vereinigen, Reihenbilden, Zuordnen), ist Erkenntnis ständig verknüpft mit Handlungen oder Operationen, d.h. mit *Transformationen.*

Folglich ist die Grenze zwischen Subjekt und Objekt keinesfalls von vornherein festgelegt und ebenso wenig unveränderlich – was noch wichtiger ist. Tatsächlich verschmelzen Subjekt und Objekt in jeder Handlung. Natürlich braucht das Subjekt objektive Information, um sich der eigenen Handlungen bewusst zu werden, es braucht aber auch viele subjektive Komponenten. Ohne eine lange Übung oder die Herstellung verfeinerter Werkzeuge für Analyse und Koordinierung wird es unmöglich erkennen können, was zum Objekt gehört, was zu ihm selbst als aktivem Subjekt und was zur eigentlichen Handlung gehört – verstanden als die Transformation eines Anfangszustands in einen Endzustand. Erkenntnis erwächst ursprünglich also weder aus den Objekten noch aus dem Subjekt, sondern aus – zunächst unentwirrbaren – Interaktionen zwischen dem Subjekt und diesen Objekten.

Selbst diese sehr einfachen Interaktionen formen ein so engmaschiges und unauflösliches Netz, dass die geistige Haltung des Säuglings wahrscheinlich »adualistisch« ist, wie J.M. Baldwin es genannt hat. Gemeint ist damit, dass der Säugling überhaupt nicht zwischen einer Außenwelt, die aus vom Subjekt unabhängigen Objekten zusammengesetzt ist, und einer Innen- oder subjektiven Welt unterscheidet.

Deshalb lässt sich das Erkenntnisproblem – das so genannte epistemologische Problem – nicht losgelöst vom Problem der Intelligenzentwicklung betrachten. Es reduziert sich auf die Frage, wie das Subjekt zunehmend fähig wird, Objekte adäquat zu erkennen, das heißt, wie es zur Objektivität gelangt. Diese ist nämlich keine ursprüngliche Eigenschaft, wie es die Empiristen annehmen; vielmehr beruht ihr Erwerb auf einer Reihe aufeinander folgender Konstruktionen, die eine immer größere Annäherung an die Objektivität darstellen.

2.

Dies führt uns zu einem zweiten zentralen Gedanken meiner Theorie, dem der *Konstruktion*, welche die natürliche Konsequenz der eben erwähnten Interaktionen ist. Da objektive Erkenntnis nicht durch bloßes Registrieren externer Information erworben wird, sondern ihren Ursprung in den Interaktionen zwischen dem Subjekt und den Objekten hat, impliziert sie notwendigerweise zwei Tätigkeitstypen: zum einen die Koordination der Handlungen selbst und zum anderen das In-Beziehung-Setzen von Objekten zueinander. Die beiden Tätigkeiten sind wechselseitig voneinander abhängig, weil diese Beziehungen nur durch Handlungen zustande kommen. Folglich bleibt objektive Erkenntnis immer bestimmten Handlungsstrukturen untergeordnet. Doch diese Strukturen sind das Ergebnis einer *Konstruktion*; sie sind nicht in den Objekten gegeben, da sie von Handlungen abhängen, und auch nicht im Subjekt, da dieses erst lernen muss, seine Handlungen zu koordinieren (die, von den Reflexen oder Instinkten abgesehen, im Allgemeinen nicht erblich festgelegt sind).

Ein frühes Beispiel für diese Konstruktionen (die bereits im ersten Jahr beginnen) ist jene, die dem neun bis zwölf Monate alten Kind ermöglicht, die Permanenz von Objekten zu entdecken, die anfangs an ihre Position im Wahrnehmungsfeld des Kindes gebunden sind, später aber von jeder aktuellen Wahrnehmung unabhängig werden. Während der ersten Lebensmonate gibt es keine permanenten Objekte, sondern nur Wahrnehmungsbilder, die erscheinen, sich auflösen und gelegentlich wieder erscheinen. Die »Permanenz« eines Objekts beginnt mit der Handlung, mittels deren das Kind nach ihm sucht, wenn es an einem bestimmten Punkt *A* seines Gesichtsfeldes verschwunden ist (z.B. wenn ein Teil des Objekts sichtbar bleibt oder wenn es eine Ausbuchtung unter einem Tuch verursacht). Wenn das Objekt dann aber später am Punkt *B* verschwindet, wird das Kind nicht selten wieder bei *A* suchen. Dieses höchst lehrreiche Verhalten liefert Belege für die Existenz der sehr einfachen Interaktionen zwischen Subjekt und Objekt, von denen wir oben sprachen (Abschnitt 1). Auf dieser Stufe glaubt das Kind noch, dass Objekte von dieser Handlung abhängen und dass eine Handlung, wenn sie beim ersten Mal erfolgreich war, dies auch beim zweiten Mal sein muss. Ein schönes Beispiel lieferte ein Kind von elf Monaten, das mit einem Ball spielte. Das eine Mal hatte es ihn unter einem Sessel wiedergefunden, wohin er gerollt war. Einen Augenblick später verirrte sich der Ball unter ein niedriges Sofa. Als das Kind ihn dort nicht finden konnte, ging es in den anderen Teil des Zimmers zurück und sah unter dem Sessel nach, wo das Suchen bereits einmal von Erfolg gekrönt war.

Soll der Plan eines permanenten Objekts hergestellt werden, das nicht von den eigenen Handlungen des Subjekts abhängt, muss eine neue Struktur aufgebaut werden. Es handelt sich um die Struktur der »Translationsgruppe« im geometrischen Sinne: *(a)* die Translation AB + BC = AC; *(b)* AB + BA = 0; *(c)* AB + 0 = AB; *(d)* AC + CD = AB + BD. Die psychologische Entsprechung dieser Gruppe ist die Möglichkeit, mittels bestimmter Verhaltensakte zu einer ursprünglichen Position zurückzukehren oder ein Hindernis zu umgehen (*a* und *d*). Sobald dieser Organisationsgrad erreicht ist – und er ist keineswegs am Anfang der Entwicklung gegeben, sondern muss mit einer Folge stets neuer Koordinationen aufgebaut werden –, wird eine objektive Strukturierung der Bewegungen des Objekts und der Körperbewegungen des Subjekts möglich. Das Objekt wird eine unabhängige Entität, deren Position sich anhand ihrer Verlagerungen und nacheinander eingenommenen Positionen bestimmen lässt. An diesem Schnittpunkt wird der Körper des Subjekts, statt für den Mittelpunkt der Welt gehalten zu werden, zu einem Objekt wie jedes andere, dessen Verlagerungen und Positionen zu denen der Objekte in Wechselbeziehung stehen.

Die Translationsgruppe ist ein Beispiel für die Konstruktion einer Struktur, welche gleichermaßen zurückzuführen ist auf die zunehmende Koordinierung der Handlungen des Subjekts und auf die von der dinglichen Erfahrung gelieferte Information; so wird die Struktur schließlich zu einem grundlegenden Instrument für die Organisation der Außenwelt, aber auch zu einem kognitiven Instrument von solcher Bedeutung, dass sie zu jener wahrhaft »kopernikanischen Wende« beiträgt, die Säuglinge zwischen 12 und 18 Monaten vollziehen. Während sich das Kind vor Ausbildung dieser neuen Struktur (unbewusst) für den ruhenden Mittelpunkt des Universums hält, wird es nun aufgrund dieser Organisation von permanenten Objekten und von Raum (wozu darüber hinaus die gleichzeitige Organisation von Zeit und von Kausalität gehört) zu einem bestimmten Element in der Gesamtheit aller beweglichen Objekte, aus denen sich sein Universum zusammensetzt.

3.

Wir können jetzt verstehen, dass es selbst bei der Untersuchung des Säuglings auf den sensomotorischen Stufen nicht möglich ist, eine psychogenetische Forschungsrichtung einzuschlagen, ohne eine implizite Epistemologie zu entwickeln, die zwar auch entwicklungsmäßig bedingt ist, aber alle Hauptprobleme der Erkenntnistheorie aufwirft. Zur Konstruktion der Translationsgruppe gehören also offensichtlich physische Erfahrung und empirische Information. Doch gehört noch mehr dazu, da sie auch von den Koordinationen der Handlungen des Subjekts abhängt. Die Koordinationen sind nicht das Produkt von Erfahrung allein, sondern werden auch bestimmt durch Faktoren wie Reifung, bewusstes Üben und – was noch wichtiger ist – ständige und aktive *Selbstregulation*. Entscheidend für eine Entwicklungstheorie ist es, die Tätigkeit des Subjekts – im erkenntnistheoretischen Sinne – unbedingt einzubeziehen. Dies ist umso entscheidender, als der erkenntnistheoretische Sinn eine tiefe biologische Bedeutung hat: Der lebende Organismus ist kein bloßes Spiegelbild der Eigenschaften seiner Umgebung. Er entwickelt vielmehr eine *Struktur*, die im Lauf der Epigenese Schritt für Schritt aufgebaut wird und nicht vollständig präformiert ist.

Was bereits für das sensomotorische Stadium gilt, begegnet uns in allen Entwicklungsstadien und sogar im wissenschaftlichen Denken wieder, allerdings auf Stufen, auf denen sich die sehr einfachen Handlungen in geistige Operationen verwandelt haben. Diese Operationen sind verinnerlichte Handlungen (z.B. die Addition, die entweder materiell oder gedanklich ausgeführt werden kann); sie sind reversibel (die Addition kehrt sich um in die Subtraktion); und sie konstituieren mengentheoretische Strukturen (wie etwa die logischen additiven »Gruppierungen« oder die algebraischen Gruppen).

Ein schlagendes Beispiel für diese operatorische, von der Tätigkeit des Subjekts abhängende Strukturierung, die häufig stattfindet, bevor noch eine experimentelle Methode entwickelt worden ist, ist der *Atomismus*, den die Griechen fanden, lange bevor er experimentell bestätigt werden konnte. Der gleiche Prozess lässt sich beim Kind zwischen vier/fünf und elf/zwölf Jahren in einer Situation beobachten, in der Erfahrung allein das Entstehen einer Struktur offensichtlich nicht hinreichend erklären kann, ihre Konstruktion folglich eine zusätzliche, von der Tätigkeit des Subjekts abhängende additive Komposition voraussetzt: In einem Experiment werden Zuckerwürfel in einem Glas Wasser aufgelöst. Das Kind kann nach der Erhaltung der aufgelösten Substanz und der Erhaltung ihres Gewichts und Volumens gefragt werden. Bevor das Kind sieben oder acht Jahre ist, nimmt es an, der aufgelöste Zucker sei zerstört und sein Geschmack verschwunden. Mit sieben oder acht Jahren wird die Auffassung geäußert, der Zucker bewahre seine Substanz in Gestalt sehr kleiner unsichtbarer Körner, habe aber weder Gewicht noch Volumen. Für das Kind von neun oder zehn Jahren behält jedes Korn sein Gewicht, und die Summe aller dieser einzelnen Gewichte entspricht dem Gesamtgewicht des Zuckers vor der Auflösung. Mit elf oder zwölf Jahren gilt dies auch für das Volumen (das Kind sagt voraus, dass der Wasserspiegel im Gefäß auch nach Auflösung des Zuckers auf seiner ursprünglichen Höhe bleiben wird).

Wir können jetzt verstehen, dass dieser spontane Atomismus – wenn auch dadurch nahe gelegt, dass die sichtbaren Körner bei ihrer Auflösung allmählich immer kleiner werden – weit über alles hinausgeht, was vom Subjekt gesehen werden kann, und auf einer Schritt-für-Schritt-Konstruktion beruht, die jener der additiven Operationen entspricht. Wir haben also einen neuen Beleg dafür, dass der Ursprung der Erkenntnis weder im Objekt allein noch im Subjekt liegt, sondern in einer unauflöslichen Wechselwirkung beider, sodass, was materiell gegeben ist, in eine logisch-mathematische Struktur integriert wird, zu der die Koordinierung der Handlungen des Subjekts gehört. Die (hier unsichtbare) Zerlegung eines Ganzen in seine Teile und die Wiederzusammensetzung dieser Teile zu einem Ganzen sind nämlich das Ergebnis logischer oder logisch-mathematischer Konstruktionen und nicht nur physikalischer Experimente. Das Ganze, von dem wir hier ausgehen, ist keine »Wahrnehmungsgestalt« (deren besonderes Merkmal ja gerade – wie W. Köhler zu Recht betont – ihre *nicht*-additive Komposition ist), sondern eine (additive) Summe und wird als solche durch Operationen und nicht durch Beobachtungen hergestellt.

4.

Es kann zwischen dem Denken, wie es sich beim Kind zeigt, und dem wissenschaftlichen Denken des Erwachsenen keinen theoretischen Bruch geben; deshalb haben wir die Entwicklungspsychologie zur genetischen Erkenntnistheorie erweitert. Das wird besonders deutlich auf dem Gebiet logisch-mathematischer Strukturen, wenn man sie für sich betrachtet und nicht (wie in den Abschnitten 2 und 3) als Instrumente zur Strukturierung physikalischer Gegebenheiten. Zu diesen Strukturen gehören wesentlich die Relationen von Inklusion, Ordnung und Zuordnung. Solche Relationen sind gewiss biologischen Ursprungs, da sie bereits in der genetischen Programmierung (DNA) der embryonalen Entwicklung ebenso vorhanden sind wie in der physiologischen Organisation des reifen Organismus, bevor sie noch auf den verschiedenen Ebenen des Verhaltens in Erscheinung treten und dort rekonstruiert werden. Sie werden dann zu fundamentalen Strukturen des Verhaltens und der Intelligenz in ihrer sehr frühen Entwicklung, bevor sie im Bereich des spontanen Denkens und später der Reflexion in Erscheinung treten. Sie liefern die Grundlagen jener zunehmend abstrakter werdenden Axiomatisierungen, die wir Logik und Mathematik nennen. Wenn nämlich Logik und Mathematik so genannte »abstrakte« Wissenschaften sind, muss der Psychologe fragen: »Abstrahiert wovon?« Wir haben gesehen, dass ihr Ursprung nicht in den Objekten allein liegt. Er ist – freilich nur zu einem geringen Teil – auch in der Sprache zu suchen, aber die Sprache ist selbst ein Konstrukt der Intelligenz (N. Chomsky schreibt sie sogar angeborenen intellektuellen Strukturen zu). Deshalb ist der Ursprung dieser logisch-mathematischen Strukturen vielmehr in der Tätigkeit des Subjekts zu suchen, d.h. in den allgemeinsten Formen seiner Handlungskoordinationen und letztlich in seinen organischen Strukturen selbst. Folglich gibt es fundamentale Beziehungen zwischen der biologischen Theorie der Adaptation durch Selbstregulation, der Entwicklungspsychologie und der genetischen Erkenntnistheorie. Diese Beziehung ist so grundlegend, dass sich, wenn man sie außer Acht lässt, keine allgemeine Theorie der Intelligenzentwicklung aufstellen lässt.

II.
Assimilation und Akkommodation

5.

Psychologisch bedeuten unsere bisherigen Ausführungen, dass die im Lauf der Entwicklung entstehenden fundamentalen psychogenetischen Verknüpfungen nicht auf empirische »Assoziationen« zurückführbar sind; vielmehr bestehen sie aus *Assimilationen* im biologischen wie im erkenntnistheoretischen Sinne des Wortes.

Aus biologischer Sicht ist Assimilation die Integration externer Elemente in die sich entwickelnden oder abgeschlossenen Strukturen eines Organismus. In seiner gewöhnlichen Wortbedeutung besteht Assimilation von Nahrung aus einer chemischen Verwandlung, die diese Nahrung der Substanz des Körpers einverleibt. Chlorophyllassimilation ist die Integration von Strahlungsenergie in den Stoffwechselzyklus einer Pflanze. C. Waddingtons »erbliche Assimilation« besteht in einer – durch Selektion bewirkten – Fixierung der Erbausstattung auf Phänotypen (phänotypische Variationen gelten in diesem Fall als »Reaktion« des genetischen Systems auf Stressfaktoren in der Umwelt). Zu allen Reaktionen des Organismus gehört also ein Assimilationsprozess, der sich als Formel wie folgt wiedergeben lässt:

$$(T + I) \rightarrow AT + E \qquad (1)$$

Dabei ist *T* eine Struktur, *I* die integrierten Substanzen oder Energien, *E* die eliminierten Substanzen oder Energien und *A* ein Koeffizient > 1, welcher die Stärkung dieser Struktur als Zuwachs an Material oder Betriebsleistung ausdrückt.

Bringt man das allgemeine Assimilationskonzept in diese Form, wird deutlich, dass es sich nicht nur auf organisches Leben, sondern auch auf Verhalten anwenden lässt. Kein Verhalten nämlich, selbst wenn es für das Individuum neu ist, bedeutet einen absoluten Neuanfang. Es wird stets auf schon vorhandene Pläne übertragen und bedeutet deshalb im Grunde nur die Assimilierung neuer Elemente an bereits aufgebaute Strukturen (angeborene wie etwa die Reflexe oder zuvor erworbene Strukturen). Selbst H. Harlows »Reizhunger« lässt sich nicht einfach auf Unterordnung unter die Umwelt zurückführen, sondern muss vielmehr verstanden werden als Suche nach »funktioneller Nahrung«, die sich den Plänen oder Strukturen assimilieren lässt, welche tatsächlich für die Reaktionen sorgen.

An dieser Stelle ist es angebracht, darauf hinzuweisen, wie unangemessen in diesem Zusammenhang die bekannte »Reiz-Reaktions«-Theorie als allgemeine Verhaltensformel erscheint. Es liegt auf der Hand, dass ein Stimulus eine Reaktion nur auslösen kann, wenn der Organismus zuvor für diesen Stimulus sensibilisiert worden ist (oder die erforderliche »Reaktionskompetenz« besitzt – wie Waddington die ererbte Sensibilisierung für spezifische Auslösefaktoren nennt).

Wenn wir sagen, ein Organismus oder ein Objekt sei für einen Stimulus sensibilisiert oder fähig, auf ihn mit einer Reaktion zu antworten, implizieren wir damit, dass er schon einen Plan oder eine Struktur besitzt, der dieser Stimulus assimiliert ist (in dem oben definierten Sinne, dass er ihr einverleibt oder integriert ist). Dieser Plan besteht eben in der Fähigkeit, darauf zu reagieren. Infolgedessen hätte das ursprüngliche Reiz-Reaktions-Schema nicht in der einlinigen Form S → R geschrieben werden dürfen, sondern wie folgt dargestellt werden müssen:

$$S \rightleftarrows R \text{ oder } S \rightarrow (AT) \rightarrow R \qquad (2)$$

wobei *AT* die Assimilation des Stimulus *S* in die Struktur *T* bedeutet.

So kehren wir zu unserer Gleichung $(T + I) \rightarrow AT + E$ zurück, wobei in diesem Fall *T* die Struktur ist, *I* der Stimulus, *AT* das Ergebnis der Assimilation von *I* an *T*, also die Reaktion auf den Stimulus, und *E* alle Elemente der Stimulussituation, die aus der Struktur ausgeschlossen sind.

6.

Wenn nur Assimilation an der Entwicklung beteiligt wäre, gäbe es keine Variationen in den Strukturen des Kindes. Infolgedessen würde es keine neuen Inhalte erwerben und sich nicht weiterentwickeln. Assimilation ist insofern notwendig, als sie die Kontinuität der Strukturen und die Integration neuer Elemente in diese Strukturen garantiert. Ohne sie wäre ein Organismus in einer ähnlichen Situation wie zwei chemische Verbindungen *A* und *B*, die durch ihre Wechselwirkung zu zwei neuen Verbindungen *C* und *D* führen. (Die Gleichung würde dann $A + B \rightarrow C + D$ lauten und nicht $T \rightarrow AT$.)

Biologische Assimilation gibt es jedoch nie ohne ihr Gegenstück, die *Akkommodation*. Beispielsweise assimiliert ein Phänotyp während seiner embryonalen Entwicklung die Substanzen, die er zur Erhaltung seiner vom Genotyp festgelegten Strukturen braucht. Doch je nachdem, ob diese Substanzen reichlich oder knapp vorhanden sind oder ob die üblichen Substanzen durch andere ersetzt werden, die leichte Unterschiede aufweisen, können nichterbliche Variationen (häufig »Akkommodate« genannt) auftreten, die sich etwa in

Veränderungen von Form oder Größe äußern. Diese Variationen sind spezifische Antworten auf bestimmte äußere Bedingungen. Entsprechend nennen wir im Verhaltensbereich jede Modifikation eines Assimilationsplans (oder einer Assimilationsstruktur), die durch die von ihr assimilierten Elemente hervorgerufen wird, Akkommodation. Der Säugling zum Beispiel, der seinen Daumen dem Saugschema assimiliert, wird beim Daumenlutschen andere Bewegungen ausführen als beim Saugen an der mütterlichen Brust. Entsprechend muss ein Achtjähriger, der die Auflösung des Zuckers im Wasser der Vorstellung assimiliert, dass Substanz grundsätzlich erhalten bleibt, bezüglich unsichtbarer Teilchen andere Akkommodationen vornehmen, als wenn die Teilchen noch sichtbar wären.

Deshalb besteht kognitive *Adaptation*, wie ihr biologisches Gegenstück, aus einem Gleichgewicht zwischen Assimilation und Akkommodation. Wie wir gesehen haben, gibt es keine Assimilation ohne Akkommodation. Wir müssen jedoch nachdrücklich betonen, dass auch Akkommodation nicht ohne gleichzeitige Assimilation vorkommt. Aus biologischer Sicht wird dieser Umstand belegt durch die Existenz dessen, was moderne Genetiker »Reaktionsnormen« nennen: Ein Genotyp kann ein mehr oder minder breites Spektrum möglicher Akkommodationen bieten, aber alle bewegen sich innerhalb einer bestimmten statistisch definierten »Norm«. In gleicher Weise ist das Subjekt in kognitiver Hinsicht zu verschiedenen Akkommodationen in der Lage, aber nur innerhalb gewisser Grenzen, die durch die Notwendigkeit gesetzt werden, die entsprechenden Assimilationsstrukturen zu bewahren. In der o.g. Gleichung (1) gibt der Term A in AT genau diese Beschränkung der Akkommodationen an.

Das »Assoziationskonzept«, das in den verschiedenen Spielarten des Assoziationismus von D. Hume bis I. Pawlow und C. L. Hull gebraucht und missbraucht worden ist, ließ sich also nur dadurch gewinnen, dass man künstlich einen Teil aus dem allgemeinen Prozess isolierte, der durch das Gleichgewicht zwischen Assimilation und Akkommodation definiert wird. Von Pawlows Hund heißt es, er assoziiere einen Ton mit Futter, wodurch sein Speichelreflex ausgelöst werde. Wenn jedoch auf den Ton nie wieder Futter folgt, wird die koordinierte Reaktion – oder zeitweilige Verknüpfung – verschwinden; sie besitzt keine intrinsische Stabilität. Die Konditionierung überdauert als Funktion des Nahrungsbedürfnisses, das heißt, sie überdauert nur, wenn sie Teil eines Assimilationsplans und seiner Erfüllung ist, wenn sie also eine gewisse Akkommodation an die Situation darstellt. Tatsächlich ist eine »Assoziation« immer von einer Assimilation an frühere Strukturen begleitet – ein wichtiger Faktor, der nicht übersehen werden darf. Insofern die »Assoziation« aber neue Informationen integriert, ist sie andererseits aktive Akkommodation und nicht bloßes Registrieren. Diese vom Assimilationsplan abhängende Akkommodationstätigkeit ist ein zweiter notwendiger Faktor, der nicht vernachlässigt werden darf.

7.

Zwar sind Akkommodation und Assimilation in allen Tätigkeiten gegenwärtig, doch ihr Verhältnis kann variieren, und erst ein mehr oder weniger stabiles (wenn auch stets veränderliches) Gleichgewicht zwischen ihnen charakterisiert einen vollständigen Intelligenzakt.

Wenn die Assimilation die Akkommodation *übertrifft* (d.h., wenn die Merkmale des Objekts nur insoweit berücksichtigt werden, wie sie mit den gegenwärtigen Interessen des Subjekts übereinstimmen), entwickelt sich das Denken in egozentrische oder sogar autistische Richtung. Die häufigsten Erscheinungsformen dieser Situation im kindlichen Spiel sind die »Symbol«- oder Fiktionsspiele, in denen die dem Kind zur Verfügung stehenden Objekte nur dazu verwendet werden, das zu repräsentieren, was das Kind sich in der Phantasie vorstellt. Diese Spielform, die zu Anfang der Vorstellungstätigkeit (im Alter zwischen anderthalb und drei Jahren) am häufigsten ist, entwickelt sich später zu Konstruktionsspielen, in denen die Akkommodation an Objekte immer genauer wird, bis kein Unterschied mehr besteht zwischen Spiel und spontanen kognitiven oder instrumentellen Tätigkeiten.

Wenn umgekehrt die Akkommodation die Assimilation derart beherrscht, dass das Kind die Formen und die Bewegungen der Objekte oder Personen, die gerade seine Modelle sind, wirklichkeitsgetreu reproduziert, entwickelt sich die Repräsentation (und die sensomotorischen Verhaltensweisen, die ihre Vorläufer sind und die auch zu Übungsspielen führen, welche sich sehr viel früher als Symbolspiele entwickeln) in die Richtung von Nachahmung. Nachahmung durch Handlung – eine Akkommodation an Modelle, die gegenwärtig sind – weitet sich allmählich zu aufgeschobener Nachahmung und schließlich zu verinnerlichter Nachahmung aus. In dieser letzten Form ist sie der Ursprung von Vorstellungsbildern und der figurativen Aspekte des Denkens – verstanden als Gegensatz zu den operativen Aspekten.

Doch solange sich Assimilation und Akkommodation im Gleichgewicht befinden (d.h., insoweit Assimilation den Eigenschaften der Objekte untergeordnet bleibt oder, mit anderen Worten, der Situation mit den Akkommodationen, die sie umfasst, untergeordnet bleibt und insoweit sich Akkommodation selbst den bereits vorhandenen Strukturen unterordnet, an die die Situation assimiliert werden muss), können wir von kognitivem Verhalten im Gegensatz zu Spiel, Nachahmung oder Vorstellungsbild sprechen und befinden uns damit wieder auf dem eigentlichen Gebiet der Intelligenz. Doch dieses fundamentale Gleichgewicht zwischen Assimilation und Akkommodation lässt sich nur unter mehr oder minder großen Schwierigkeiten erreichen und beibehalten, je nach der Stufe der intellektuellen Entwicklung und den neuen Problemen, die sich auftun. Ein solches Gleichgewicht gibt es jedoch auf allen Ebenen, in der frühen Intelligenzentwicklung des Kindes ebenso wie im wissenschaftlichen Denken.

Es ist offenkundig, dass jede physikalische oder biologische Theorie objektive Phänomene einer begrenzten Anzahl von Modellen assimiliert, welche nicht ausschließlich anhand dieser Phänomene gewonnen wurden. Zu diesen Modellen gehört außerdem eine bestimmte Anzahl von logisch-mathematischen Koordinationen, welche die operatorischen Tätigkeiten des Subjekts selbst sind. Es wäre sehr oberflächlich, diese Koordinationen auf eine bloße »Sprache« zu reduzieren (obgleich dies die Position des logischen Positivismus ist), weil sie streng genommen ein Instrument zur Strukturierung sind. Beispielsweise hat J. H. Poincaré die Entdeckung der Relativitätstheorie knapp verfehlt, weil er dachte, es mache keinen Unterschied aus, ob er Phänomene in der »Sprache« euklidischer oder Riemann'scher Geometrie ausdrücke (oder sie in eine der beiden übersetze). A. Einstein vermochte diese Theorie zu entwickeln, weil er den Riemann'schen Raum als Instrument zur *Strukturierung* verwendete, wodurch er die Relationen zwischen Raum, Geschwindigkeit und Zeit »verstehen« konnte. Wenn die Physik sich fortentwickelt, indem sie Wirklichkeit an logisch-mathematische Modelle assimiliert, dann muss sie diese auch unablässig an neue experimentelle Ergebnisse akkommodieren. Sie kann nicht ohne Akkommodation auskommen, weil ihre Modelle sonst subjektiv und willkürlich bleiben würden. Doch jede neue Akkommodation ist durch vorhandene Assimilationen bedingt. Die Bedeutung eines Experiments erwächst nicht aus bloßer Wahrnehmungsregistrierung (den »Protokollsätzen« der ersten »logischen Empiristen«); sie lässt sich nicht trennen von *Interpretation.*

8.

In der Intelligenzentwicklung beim Kind gibt es viele Arten von Gleichgewicht zwischen Assimilation und Akkommodation, die sich mit den Entwicklungsstufen und den zur Lösung anstehenden Problemen verändern. Auf den sensomotorischen Stufen (bevor das Alter von anderthalb bis zwei Jahren erreicht ist) handelt es sich dabei nur um praktische Probleme, die sich auf den unmittelbaren Raum beziehen. Aber schon mit zwei Jahren erreicht die sensomotorische Intelligenz einen erstaunlichen Gleichgewichtszustand (z.B. instrumentelle Verhaltensweisen, Translationsgruppe; vgl. Abschnitt 2). Aber dieses Gleichgewicht ist schwer herzustellen, weil das Universum des Säuglings in den ersten Lebensmonaten auf den eigenen Körper und die eigenen Handlungen zentriert ist und weil assimilationsbedingte Verzerrungen noch nicht durch angemessene Akkommodationen aufgewogen werden.

Der Beginn des Denkens schafft vielfältige Probleme – für die Repräsentation (die auf den entfernten Raum ausgedehnt werden muss und nicht mehr auf den nahen beschränkt bleiben kann) ebenso wie für die Adaptation, die sich nicht mehr nur am praktischen Erfolg ausrichtet; so durchläuft die Intelligenz eine neue Phase assimilatorischer Verzerrung. Das liegt daran, dass Objekte und Ereignisse der Handlung und dem Standpunkt des Subjekts assimiliert werden und dass mögliche Akkommodationen nach wie vor nur aus Fixierungen auf figurative Aspekte der Wirklichkeit bestehen (also auf Zustände statt auf Transformationen). Aus diesen beiden Gründen – egozentrische Assimilation und unvollständige Akkommodation – wird kein Gleichgewicht erreicht. Von sieben oder acht Jahren an dagegen sichert die Entstehung reversibler Operationen eine stabile Übereinstimmung zwischen Assimilation und Akkommodation, da beide nun sowohl auf Zustände wie auf Transformationen einwirken können.

Allgemein gesprochen, ist dieses zunehmende Gleichgewicht zwischen Assimilation und Akkommodation ein Beispiel für einen grundlegenden Prozess in der kognitiven Entwicklung, der sich als Zentrierung und Dezentrierung beschreiben lässt. Die systematisch verzerrenden Assimilationen der sensomotorischen oder ersten Repräsentationsstadien – die verzerren, weil sie nicht von angemessenen Akkommodationen begleitet sind – bedeuten, dass das Subjekt auf die eigenen Handlungen und den eigenen Standpunkt zentriert bleibt. Auf der anderen Seite ist das sich allmählich herausbildende Gleichgewicht zwischen Assimilation und Akkommodation das Ergebnis einer Reihe von Dezentrierungen, die es dem Subjekt ermöglichen, den Blickwinkel anderer Subjekte oder den Standpunkt von Objekten einzunehmen. Früher haben wir diesen Prozess lediglich als Egozentrismus und Sozialisation beschrieben. Aber er betrifft weitaus genereller und fundamentaler die Erkenntnis in all ihren Erscheinungsformen. Denn kognitiver Fortschritt ist nicht nur

Assimilation von Information; er enthält auch einen systematischen Dezentrierungsprozess, der eine notwendige Bedingung von Objektivität überhaupt ist.

III.
Die Stadientheorie

9.

Wir haben gesehen, dass es Strukturen gibt, die nur zum Subjekt gehören (Abschnitt 1), dass sie aufgebaut werden (Abschnitt 2) und dass dies ein Prozess ist, der sich schrittweise vollzieht (Abschnitt 7). Wir müssen infolgedessen zu dem Schluss kommen, dass es Entwicklungsstadien gibt. Selbst Autoren, die mit dieser Vorstellung übereinstimmen, mögen sich anderer Kriterien und Deutungen der Stadienentwicklung bedienen. Sie wird damit zu einem Problem, das gesondert erörtert werden muss. Die Freud'schen Stadien unterscheiden sich beispielsweise nur insofern voneinander, als sie in einem dominanten Merkmal (oral, anal, phallisch usw.) voneinander abweichen, wobei dieses Merkmal aber auch in den vorhergehenden – oder folgenden – Stadien gegenwärtig ist, sodass seine »Dominanz« durchaus willkürlich bleiben kann. A. Gesells Stadien beruhen auf der Hypothese, dass die Reifung die so gut wie alles entscheidende Rolle spielt, sodass die Stadien zwar eine gleich bleibende Reihenfolge garantieren, aber den Faktor progressiver Konstruktion zu vernachlässigen drohen. Um die Stadien kognitiver Entwicklung zu kennzeichnen, müssen wir deshalb zwei notwendige Bedingungen integrieren, und zwar ohne irgendwelche Widersprüche. Diese Bedingungen sind, (a) dass die Definition der Stadien eine konstante Reihenfolge garantiert und (b) dass sie eine progressive Konstruktion zulässt, ohne eine totale Präformation zu implizieren. Diese beiden Bedingungen sind notwendig, weil zur Erkenntnis offensichtlich

Lernen durch Erfahrung gehört – das heißt: ein Beitrag von außen, zusätzlich zu dem der sich entwickelnden inneren Strukturen – und weil die Strukturen sich nicht in einer völlig prädeterminierten Weise zu entwickeln scheinen.

Das Stadienproblem in der Entwicklungspsychologie ist dem der Stadien in der Embryogenese analog. Auch hier stellt sich die Frage, wie sich einerseits die erbliche Festgelegtheit erklären lässt und andererseits die »Epigenese« im Sinne von Konstruktionen durch Wechselwirkungen zwischen Genom und Umwelt. Aus diesem Grunde führt Waddington das Konzept des »epigenetischen Systems« ein sowie die Unterscheidung zwischen Genotyp und »Epigenotyp«. Die Hauptmerkmale einer solchen epigenetischen Entwicklung sind nicht nur die bekannten und offenkundigen der Abfolge in sequenzieller Ordnung und der fortschreitenden Integration (Segmentierung gefolgt von Determinierung, welche durch spezifische »Kompetenz« gesteuert wird, und schließlich »Reintegration«), sondern auch die weniger offensichtlichen Merkmale, auf die Waddington hinweist. Gemeint ist das Vorhandensein von »Kreoden« oder notwendigen Entwicklungssequenzen, jede mit einem eigenen Zeitplan versehen, und die Intervention einer Art evolutionärer Regulation oder »Homöorhese«. Unter Letzterer ist zu verstehen, dass, wenn ein äußerer Einfluss den Organismus veranlasst, von seinen Kreoden abzuweichen, eine homöorhetische Reaktion erfolgt, die ihn in der Regel zur normalen Entwicklungsfolge zurückführt oder ihn – wenn das misslingt – auf eine neue Kreode umlenkt, die der ursprünglichen so ähnlich wie möglich ist.

Jedes der vorstehenden Merkmale lässt sich auch in der kognitiven Entwicklung beobachten, wenn wir sorgfältig unterscheiden zwischen dem Aufbau der Strukturen selbst und dem Erwerb spezifischer Inhalte durch Lernen (z.B. Lesenlernen in diesem Alter und nicht in einem anderen). Natürlich ist die Frage, ob Entwicklung sich auf eine Summe von aufeinander folgenden Lernerfahrungen reduzieren lässt oder ob Lernen selbst von Entwicklungsgesetzen abhängt, die dann autonom wären. Die Frage lässt sich zwar empirisch beantworten, dennoch werden wir sie in Kapitel IV eingehender erörtern. Wie immer die Antwort lauten mag, es ist grundsätzlich möglich, zwischen Hauptstrukturen, wie etwa operatorischer »Gruppierung«, und speziellen Erwerbungen zu unterscheiden. Damit stellt sich die Frage, ob der Aufbau dieser Hauptstrukturen den Kriterien der Stadien gehorcht. Wäre das der Fall, müsste es möglich sein, ihre Beziehung zu den Entwicklungsgesetzen des Lernens zu bestimmen.

10.

Wenn wir uns auf die Hauptstrukturen beschränken, ist es ohne weiteres offenkundig, dass kognitive Stadien eine sequenzielle Eigenschaft besitzen, d.h., dass sie in festliegender Abfolge auftreten, weil jede von ihnen notwendig für die Bildung der folgenden ist.

Wenn wir jetzt nur die wichtigsten Entwicklungsabschnitte betrachten, können wir drei unterscheiden:

a) Die sensomotorische Periode dauert bis ungefähr zum Alter von anderthalb Jahren mit einer ersten Teilperiode der Zentrierung des Subjekts auf den eigenen Körper (ungefähr sieben bis neun Monate dauernd), gefolgt von einer zweiten, in der die Pläne der praktischen Intelligenz objektiviert und den Bedingungen des Raums angepasst werden.

b) Die Periode der Vorstellungsintelligenz führt zu konkreten Operationen (Klassen, Relationen und Zahlen, die an Objekte gebunden sind) mit einer ersten präoperatorischen Teilperiode (ohne Reversibilität und Erhaltung, aber mit den Anfängen gerichteter Funktionen und qualitativer Identitäten), die im Alter von ungefähr anderthalb bis zwei Jahren mit der Bildung semiotischer Prozesse wie Sprache und inneren Bildern beginnt. Daran schließt sich (mit etwa sieben bis acht Jahren) eine zweite Teilperiode an, die gekennzeichnet ist durch die Anfänge operatorischer Gruppierungen in ihren verschiedenen konkreten Formen und mit ihren verschiedenen Arten von Erhaltung.

c) Schließlich gibt es die Periode aussagenlogischer oder formaler Operationen. Auch sie beginnt mit einer Teilperiode, in der sich die Operationen ordnen (11 bis 13 Jahre), und ihr folgt eine andere Teilperiode, die die Ausformung der allgemeinen Kombinatorik und der INCR-Gruppe mit den beiden Formen der Reversibilität bringt (vgl. Abschnitt 28).

Wenn wir jetzt diese Abfolge betrachten, lässt sich unschwer erkennen, dass jede dieser Perioden oder Teilperioden für die Konstruktion der jeweils nachfolgenden notwendig ist. Als erstes Beispiel: Warum treten Sprache und semiotische Funktion erst am Ende einer langen sensomotorischen Periode auf, wo die einzigen Signifikatoren Anzeichen und Signale sind und wo es noch keine Symbole oder Zeichen gibt? Wenn der Spracherwerb, wie manchmal behauptet, nur von einer Anhäufung von Assoziationen abhinge, würde er wesentlich früher gelingen. Dagegen ist nachgewiesen worden, dass für den Spracherwerb zumindest zwei Bedingungen erfüllt sein müssen. Erstens muss es einen allgemeinen Nachahmungskontext geben, der interpersonalen Austausch zulässt, und zweitens müssen die verschiedenen Strukturmerkmale vorhanden sein, welche die eine Basiseinheit von N. Chomskys Transformationsgrammatik konstituieren. Die Erfüllung der ersten Bedingung bedeutet, dass neben den motorischen Nachahmungstechniken (und das ist keinesfalls eine leichte Aufgabe) die objektbezogene, raumzeitliche und kausale Dezentrierung der zweiten sensomotorischen Teilperiode gemeistert sein muss. Hinsichtlich der zweiten Voraussetzung hat unsere Mitarbeiterin Hermine Sinclair, die sich auf Psycholinguistik spezialisiert hat, gezeigt, dass Chomskys Transformationsstrukturen durch die vorangehende Ausformung der sensomotorischen Pläne vorbereitet werden und dass ihr Ursprung folglich weder in einem angeborenen neurophysiologischen Programm liegt (wie Chomsky annimmt) noch in einem konditionierenden »Lernprozess« operanter oder anderer Art (wie es übrigens Chomsky selbst schlüssig nachgewiesen hat).

Ein zweites Beispiel für den sequenziellen Charakter unserer Perioden und Teilperioden ist der Entwicklungsabschnitt von zwei bis sieben Jahren, der selbst aus den sensomotorischen Plänen folgt, welche im neunten und zehnten Monat ausgearbeitet werden und die konkreten Operationen der Altersstufe von sieben bis zehn Jahren vorbereiten. Diese Teilperiode ist durch einige Aspekte des Mangels gekennzeichnet (Fehlen von Reversibilität und Erhaltungskonzept), hat aber auch einige positive Errungenschaften vorzuweisen, wie etwa die gerichteten Funktionen [Abbildungen, bei denen $y = f(x)$ mit der Einheit des Wertes $f(x)$ für jedes x und mit der qualitativen Identität $a = a$]. Diese Funktionen spielen nämlich bereits im präoperatorischen Denken eine beträchtliche Rolle. Ihre einlinige Gerichtetheit erklärt den generellen Primat des Ordnungskonzepts mit seinen entsprechenden Aspekten auf dieser Stufe, sie ist aber auch die Ursache systematischer Verzerrungen (z.B. »länger« als »weiter reichend« verstanden; Einschätzungen einer Wassermenge allein nach der Höhe des Wasserspiegels). Die elementaren Funktionen sind lediglich die Verknüpfungen, die den Handlungsplänen innewohnen (welche, bevor sie operatorisch werden, stets auf ein Ziel gerichtet sind), und haben infolgedessen ihren Ursprung in den sensomotorischen Plänen selbst. Qualitative Identität (jene Art von Identität, die das Kind zum Ausdruck bringt, wenn es sagt: »Es ist gleich viel Wasser«, auch wenn sich die Wassermenge verändert) entstammt der Vorstellung des permanenten Objekts und der Meinung, dass der Körper des Subjekts (ebenso wie die Körper anderer Subjekte) seine Identität in Zeit und Raum bewahrt; und dies sind drei Errungenschaften des sensomotorischen Stadiums. Auf der anderen Seite schaffen die einlinigen gerichteten Funktionen und die Identitäten, die sie umfassen, die notwendige Voraussetzung für künftige Operationen. Es zeigt sich also, dass die Stadien zwischen zwei und sieben Jahren eine Ausweitung der sensomotorischen Stadien und zugleich die Grundlage der künftigen konkreten Operationen sind.

Die aussagenlogischen Operationen, die sich im Alter zwischen 11 und 15 Jahren mit der INCR-Gruppe und den allgemeinen kombinatorischen Strukturen zeigen, bestehen alle darin, dass Operationen auf Operationen und Transformationen auf Transformationen angewandt werden. Es ist also offenkundig, dass dieses letzte Stadium notwendig den Erwerb der vorhergehenden voraussetzt (konkrete Operationen oder Operationen der ersten Mächtigkeit).

11.

So definiert, treten die Stadien stets in der gleichen Reihenfolge auf. Das könnte uns zu der Annahme veranlassen, dass irgendein biologischer Faktor, wie etwa Reifung, am Werk sei. Aber er ist gewiss nicht vergleichbar mit der erblich festgelegten neurophysiologischen Programmierung von Instinkten. Biologische Reifung bahnt lediglich den Weg für mögliche Konstruktionen (oder erklärt vorübergehende Unmöglichkeiten). Es ist Sache des Subjekts, sie zu verwirklichen. Diese Verwirklichung gehorcht, sofern sie regulär erfolgt, den Gesetzen der Kreoden, d.h. eines konstanten und notwendigen Fortschritts in der Weise, dass die endogenen Reaktionen Rückhalt in Umwelt und Erfahrung finden. Es wäre deshalb falsch, die Abfolge dieser Stadien für das Ergebnis einer angeborenen Prädetermination zu halten, denn während der gesamten Entwicklung gibt es eine kontinuierliche Konstruktion von Neuartigem.

Die beiden besten Beweise für diesen letzten Punkt sind mögliche Abweichungen von der Norm (mit Regulierung durch Homöorhese) und mögliche Variationen des Zeitplans (mit der Möglichkeit von Beschleunigung oder Verzögerung). Abweichungen können hervorgerufen werden durch unvorhergesehene Erfahrungen, die das Kind im Verlauf eigener Tätigkeit macht, oder durch pädagogische Interventionen von Erwachsenen. Manche pädagogischen Interventionen können die spontane Entwicklung natürlich beschleunigen und vervollständigen; aber sie können die Reihenfolge der Konstruktionen nicht verändern. Beispielsweise sehen Lehrpläne das Konzept der Gleichungen zu Recht erst lange nach Einführung elementarer Rechenoperationen vor, obgleich eine Verhältnisgleichung nur aus der Äquivalenz zweier Divisionen zu bestehen scheint, zum Beispiel 4 : 2 = 6 : 3.

Aber es gibt auch zeitlich unglückliche pädagogische Interventionen – etwa wenn Eltern ihren Kindern beibringen, bis 20 oder 50 zu zählen, bevor diese irgendeinen Zahlbegriff besitzen können. In vielen Fällen beeinflussen solche verfrühten Erwerbungen nicht im Mindesten die Kreode, welche für die Konstruktion ganzer Zahlen zuständig ist. Wenn man beispielsweise zwei Reihen mit m bzw. n Elementen $(m = n)$ zuerst in sichtbare eineindeutige Zuordnung bringt und dann ihre Länge durch Veränderung der Abstände zwischen den Elementen verändert, wird das Kind – ungeachtet der Tatsache, dass es von einem bestimmten Alter an zählen kann – behaupten, dass die längere Reihe mehr Elemente enthalte. Wenn andererseits eine pädagogische Intervention Erfolg gehabt oder wenn das Kind einen bestimmten operatorischen Teilbereich aus eigener Kraft gemeistert hat, ist damit das Problem der Wechselwirkung verschiedener Kreoden noch nicht gelöst. Sind zum Beispiel im Fall der Klassen oder Relationen die additiven und multiplikativen Operationen immer – wie es häufig den Anschein hat – synchron, oder kann eine auf die andere folgen, und bleibt dann die abschließende Synthese unverändert (wovon man wohl ausgehen darf)?

12.

Im Zusammenhang mit dem Problem der Dauer oder Abfolgegeschwindigkeit der Stadien lässt sich leicht erkennen, dass Beschleunigungen oder Verzögerungen im durchschnittlichen chronologischen Leistungsalter von spezifischen Umweltbedingungen abhängen (z.B. reichhaltiges oder knappes Angebot für mögliche Tätigkeiten und spontane Erfahrungen, erzieherische oder kulturelle Qualität der Umwelt); die Reihenfolge der Stadien aber wird konstant bleiben. Einige

Autoren vertreten sogar die Auffassung, dass eine grenzenlose Beschleunigung möglich und wünschenswert sei. J. Bruner verstieg sich sogar zu der Behauptung, dass man, wenn man es nur richtig anfange, Kindern jeden Alters jeden nur denkbaren Lerngegenstand beibringen könne; aber er scheint seine Auffassung mittlerweile geändert zu haben. Hier können wir nun auf zwei Arbeiten von H. Gruber verweisen: Die erste betrifft die Entwicklung junger Katzen. Es ist nachgewiesen worden, dass sie beim Erwerb des »Konzepts« des permanenten Objekts die gleichen Stadien durchlaufen wie Säuglinge und dass sie ferner in drei Monaten das erreichen, wofür der Säugling neun braucht. Allerdings machen sie dann keine weiteren Fortschritte, sodass man sich fragen kann, ob das langsamere Entwicklungstempo des Kindes in diesem Fall nicht letztlich für den größeren Fortschritt sorgt. In einer zweiten Studie befasste Gruber sich mit der Frage, warum Ch. Darwin erst so auffällig spät auf einige seiner wichtigsten Konzepte gestoßen ist, obwohl sie doch logische Konsequenzen seiner früheren Überlegungen waren. Ist die bemerkenswerte Gemächlichkeit der Entdeckung in diesem Fall eine Bedingung für ihre Fruchtbarkeit oder nur ein bedauerlicher Zufall? Das sind grundlegende Probleme der kognitiven Psychologie, die noch nicht gelöst sind. Dennoch möchten wir eine plausible Hypothese vorschlagen: Für jedes einzelne Subjekt gibt es eine *optimale Geschwindigkeit* für den Übergang von einem Stadium zum folgenden, d.h., die Stabilität und selbst die Fruchtbarkeit einer neuen Organisation (oder Strukturierung) hängt von Verknüpfungen ab, die sich nicht sofort einstellen, aber auch nicht unendlich hinausgeschoben werden können, weil sie sonst ihr Vermögen zu internen Verknüpfungen einbüßen würden.

IV. Die Beziehungen zwischen Entwicklung und Lernen

13.

Wenn wir jede Form kognitiver Erwerbung als *Lernen* bezeichnen, so besteht Entwicklung natürlich nur aus einer Summe oder einer Abfolge von Lernakten. Im Allgemeinen bleibt der Begriff »Lernen« jedoch von außen kommenden Erwerbungen vorbehalten, bei denen das Subjekt entweder Reaktionen reproduziert, in Abhängigkeit von sich wiederholenden äußeren Ereignisfolgen (wie bei der Konditionierung), oder eine wiederholbare Reaktion entdeckt, indem es sich die durch irgendein Hilfsmittel erzeugten regelmäßigen Abfolgen zunutze macht, ohne sie durch eine Schritt-für-Schritt aufbauende Eigentätigkeit strukturieren oder reorganisieren zu müssen (wie beim instrumentellen Lernen). Wenn wir diese Lerndefinition akzeptieren, erhebt sich die Frage, ob Entwicklung bloß eine Folge von erlernten Erwerbungen ist (was eine systematische Abhängigkeit des Subjekts von den Objekten bedeuten würde) oder ob Lernen und Entwicklung zwei unterschiedliche und voneinander getrennte Erkenntnisquellen darstellen. Schließlich besteht natürlich die Möglichkeit, dass jede Erwerbung durch Lernen nur einen Sektor oder eine Phase der Entwicklung selbst darstellt, die willkürlich von der Umwelt geliefert wird (womit die Möglichkeit einer begrenzten Abweichung von den »normalen« Kreoden gegeben ist), aber den generellen Einschränkungen des jeweiligen Entwicklungsstadiums unterworfen bleibt.

Bevor wir die experimentell gewonnenen Tatsachen untersuchen, möchten wir auf den Versuch eines begabten Behavioristen zu sprechen kommen, der sich bemüht hat, unsere Theorie auf Hulls Lerntheorie zurückzuführen. Dabei war D. Berlyne jedoch gezwungen, Hulls Theorie um zwei neue Konzepte zu erweitern. Das erste ist die Reiz-Reaktions-Generalisierung, die Hull vorhergesehen, aber nicht verwendet hat. Das zweite und grundlegendere ist das Konzept der »Transformationsreaktionen«, die nicht auf Wiederholungen beschränkt, sondern genauso wie »Operationen« zu reversiblen Transformationen in der Lage sind. Bei der Erörterung von Äquilibration und Regulation erweitert Berlyne das Konzept externer Bekräftigungen, indem er die Möglichkeit »interner Bekräftigungen«, wie z.B. Gefühle von Überraschung, Inkohärenz oder Kohärenz, einführt. Obgleich diese Modifikationen die Struktur von Hulls Theorie grundlegend verändern, ist nicht einmal sicher, dass sie ausreichen. Es bleibt nämlich die Hauptfrage, ob die »Transformationsreaktionen« bloße Abbilder beobachtbarer externer Transformationen der Objekte sind oder ob das Subjekt selbst die Objekte transformiert, indem es auf sie einwirkt. Der entscheidende Punkt unserer Theorie ist, dass Erkenntnis sich aus *Interaktionen* zwischen dem Subjekt und dem Objekt ergibt – aus Interaktionen, die *reichhaltiger* sind als alles, was die Objekte von sich aus liefern können. Lerntheorien wie die von Hull reduzieren Erkenntnis dagegen auf unmittelbare »funktionale Abbilder«, welche die Wirklichkeit keineswegs bereichern. Wenn wir kognitive Entwicklung erklären wollen, müssen wir das Problem der *Invention* und nicht das bloßer Abbildung lösen. Und weder Reiz-Reaktions-Generalisierung noch die Einführung von Transformationsreaktionen können Neuartigkeit oder Invention erklären. Dagegen sind die Konzepte von Assimilation und

Akkommodation sowie das der operatorischen Strukturen (die von den Aktivitäten des Subjekts geschaffen, nicht bloß entdeckt werden) auf diese inventive Konstruktion gerichtet, welche jeden lebendigen Gedanken kennzeichnet.

Zum Abschluss dieser theoretischen Einführung in das Problem von Lernen und Entwicklung möchten wir noch darauf hinweisen, wie merkwürdig es ist, dass so viele amerikanische und sowjetische Psychologen – Angehörige großer Nationen, welche die Welt zu verändern beabsichtigen – Lerntheorien hervorgebracht haben, welche Erkenntnis auf ein passives Abbild äußerer Wirklichkeit reduzieren (Hull, Pawlow usw.), während doch menschliches Denken Wirklichkeit stets umformt und überschreitet. Äußerst wichtige mathematische Gebiete (z.B. jene, die mit der Kontinuumshypothese zu tun haben) haben keine Entsprechung in der physischen Realität, und alle mathematischen Techniken führen zu neuen Kombinationen, die die Realität bereichern. Will man einen angemessenen Lernbegriff darlegen, muss man zuerst erklären, wie es dem Subjekt gelingt, zu konstruieren und zu erfinden, nicht bloß, wie es wiederholt und abbildet.

14.

Vor einigen Jahren untersuchte das Internationale Zentrum für Genetische Epistemologie die beiden folgenden Probleme:

a) Unter welchen Bedingungen können logische Strukturen gelernt werden, und sind diese Bedingungen identisch mit denen beim Lernen empirischer Ereignisfolgen?

b) Impliziert Lernen selbst in letzterem Fall (wahrscheinliche oder sogar willkürliche Ereignisfolgen) eine Logik, die beispielsweise der Logik der Handlungskoordinatoren analog ist, deren Vorhandensein sich bereits während der Organisation von sensomotorischen Plänen beobachten lässt?

Zum ersten Punkt haben Untersuchungen gezeigt – etwa die von P. Gréco, A. Morf und J. Smedslund –, dass das Subjekt, um zu lernen, wie es eine logische Struktur zu konstruieren und zu meistern hat, von einer anderen, elementareren Struktur ausgehen und diese dann differenzieren und vervollständigen muss. Lernen ist also nichts anderes als ein Abschnitt in der kognitiven Entwicklung, der durch Erfahrung gebahnt oder vorangetrieben wird. Dagegen ruft Lernen unter externer Bekräftigung (indem man der Versuchsperson z.B. gestattet, die Ergebnisse zu beobachten, die sie eigentlich selbst hätte ableiten sollen, oder indem man sie ihr mündlich mitteilt) entweder sehr wenig Veränderung im logischen Denken hervor oder eine augenfällige momentane Veränderung ohne wirkliches Verständnis.

Beispielsweise hat Smedslund herausgefunden, dass sich Kindern die Erhaltung des Gewichts leicht beibringen ließ, wenn man sie mit Tonklumpen arbeiten ließ, deren Form verändert wurde und deren gleich bleibendes Gewicht das Kind an zwei Waagschalen ablesen konnte; denn in diesem Fall erleichtert die bloße Wiederholung der Beobachtungen die Verallgemeinerung. Die gleichen Bekräftigungsprozesse durch Beobachtung reichen aber keineswegs aus, um den Erwerb von Transitivität bei Gewichtsäquivalenzen herbeizuführen: A = C, wenn A = B und B = C. Die logische Struktur der Erhaltung (und Smedslund hat die Wechselbeziehung zwischen Transitivität und operatorischer Erhaltung überprüft) wird also nicht auf die gleiche Weise erworben wie die physikalischen Inhalte dieser Erhaltung.

Morf beobachtete die gleiche Erscheinung beim Lernen der Inklusionsquantifizierung: $A \subset B$, wenn $B = A + A'$.

Spontan neigt das Kind dazu, Teil *A* mit dem Ergänzungsteil *A'* zu vergleichen, wann immer seine Aufmerksamkeit auf die Teile des Ganzen *B* gelenkt wird – und *B* bleibt nicht als Ganzes erhalten.

Vorangehendes Training in Klassenunterteilung hingegen fördert das Lernen von Inklusion. So hat der holländische Psychologe G.A. Kohnstamm zu zeigen versucht, dass man jungen Versuchspersonen die quantitative Dominanz des Ganzen über die Teile (B ⊃ A) durch rein belehrende und verbale Methoden beibringen kann. Infolgedessen gelten Pädagogische Psychologen, die meinen, mit Hilfe geeigneter Lehrmethoden ließe sich jeder Lehrinhalt in jedem Alter vermitteln, als optimistisch, während die Psychologen der Genfer Schule, die die Auffassung vertreten, eine angemessene spontane Entwicklung sei unter allen denkbaren Umständen die entscheidende Voraussetzung von Verständnis, für pessimistisch gehalten werden. Eine Überprüfung von Kohnstamms Experiment durch M. Laurendeau und A. Pinard in Montreal zeigt hingegen, dass die Dinge nicht so einfach liegen, wie sie erscheinen (verbal trainierte Kinder machen viele Fehler hinsichtlich der Beziehung zwischen *A* und *A'*). Nur zu verständlich, dass Lehrer der traditionellen Schule jeden als Optimisten bezeichnen, der an ihre Methoden glaubt, doch nach unserer Auffassung würde wahrhafter Optimismus darin bestehen, an die Inventionsfähigkeit des Kindes zu glauben. Erinnert sei auch daran, dass ein Kind jedes Mal, wenn man ihm verfrüht etwas beibringt, das es auch selbst hätte entdecken können, daran gehindert wird, es eigenständig zu finden und infolgedessen vollständig zu verstehen. Das heißt natürlich nicht, dass der Lehrer keine Situationen zum Experimentieren schaffen dürfte, um die Invention des Schülers zu fördern.

Zum zweiten von uns erwähnten Problem haben L. Apostel und B. Matalon gezeigt, dass zu allem Lernen, selbst empirischem, Logik gehört. Dies bedeutet, dass das Subjekt seine Handlungen organisiert, statt die äußeren Gegebenheiten bloß unmittelbar wahrzunehmen; ferner hat Apostel begonnen, die Algebra des Lernprozesses und seiner notwendigen Basisoperationen zu analysieren.

15.

Im Anschluss an diese Untersuchungen am Internationalen Zentrum für Genetische Epistemologie haben B. Inhelder in Genf mit ihren Kolleginnen M. Bovet und H. Sinclair, später M. Laurendeau in Montreal mit ihren Kolleginnen E. Fournier-Choninard und M. Carbonneau eingehende Experimente durchgeführt. Das Ziel ihrer Arbeiten war, die verschiedenen Faktoren zu isolieren, die möglicherweise eine operatorische Erwerbung fördern, und mögliche Beziehungen zu den Faktoren nachzuweisen, die an den »natürlichen« Konstruktionen derselben Konzepte beteiligt sind (z.B. Erhaltung im Lauf spontaner Entwicklung).

So werden dem Kind zum Beispiel in einem der Experimente von Inhelder, Bovet und Sinclair (mit C. Fot) durchsichtige Gefäße gezeigt, die mit gleichen Flüssigkeitsmengen gefüllt sind. Statt die Flüssigkeiten, wie üblich, umzugießen, werden die Gefäße durch Hähne in ihren Böden in darunter angebrachte Glasgefäße verschiedener Größe entleert, die wiederum in Gefäße auf der nächsten Ebene entleert werden können. Die einander ablösenden Gefäße verändern sich auf jeder Ebene in Höhe und Breite, doch am unteren Ende der Abfolge befinden sich Gefäße, die mit denen ganz oben identisch sind. Diese Versuchsanordnung sollte das

Kind zu Ausdehnungs- und Mengenvergleichen veranlassen und ihm schließlich den Grund für die Mengengleichheit am Anfangs- und Endpunkt einsichtig machen (s. *Abbildung 1*).

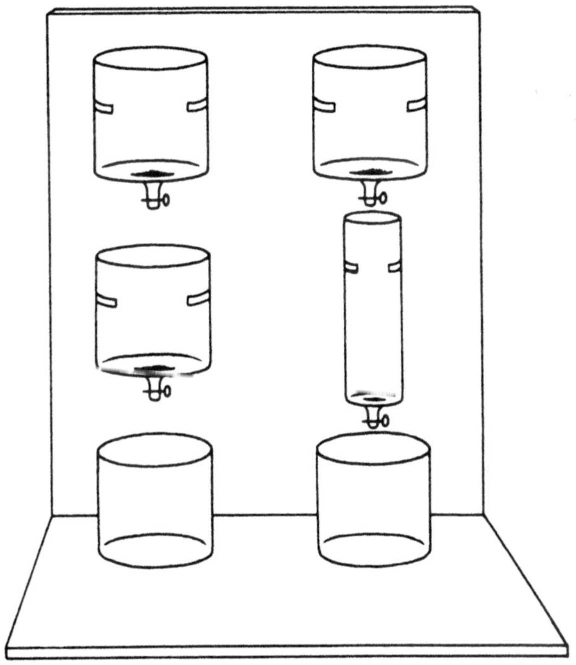

Abbildung 1: Versuchsapparat zum Erlernen des Konzepts der Mengenerhaltung

In diesem Experiment wurde festgestellt, dass die Ergebnisse signifikante Unterschiede aufweisen, je nach der kognitiven Ausgangsstufe der Kinder, welche nach den verfügbaren Assimilationsplänen klassifiziert wurden. Keinem Kind, das auf präoperatorischer Stufe begann, gelang es, die logischen Operationen zu lernen, die den elementaren Konzepten von der Erhaltung physikalischer Quantitäten zugrunde liegen. Die große Mehrheit (87,5%) zeigte überhaupt keine wirklichen Fortschritte, während eine Minderheit (12,5%) eine Zwischenstufe erreichte, deren Merkmal häufiges Schwanken zwischen Bestätigung und Leugnung der Erhaltung war. Diese Ungewissheit ist darauf zurückzuführen, dass die Koordination der Zentrierungen, die aufeinander folgenden isolierten Zustände oder ihre Variationen noch partiell und im Übergangszustand blieben. Offensichtlich ist es *eine* Sache, zu beobachten, dass in einem geschlossenen System physikalischer Transformationen nichts neu geschaffen und nichts vernichtet wird, und eine *andere*, daraus das Erhaltungsprinzip abzuleiten. Anders war die Situation bei Kindern, die sich zu Anfang bereits auf dieser Zwischenstufe befanden. In diesem Fall erreichten nur 23% nicht das Erhaltungskonzept, während 77% in unterschiedlichem Maß von der Übung profitierten und ein Erhaltungskonzept erreichten, das auf einer genuin operatorischen Struktur beruhte. Allerdings bedeutete dieses Ergebnis bei ungefähr der Hälfte dieser Kinder (38,5%) nur den Ausbau einer zur Zeit des Vortests bereits begonnenen Struktur, während bei der anderen Hälfte die allmähliche Konstruktion des Erhaltungsprinzips während des Experiments unschwer zu beobachten war.

Anschließend gewann ihr schlussfolgerndes Denken wirkliche Stabilität (im ersten und zweiten Nachtest zeigten sich keine Regressionen). Außerdem waren sie in der Lage, die Erhaltung zu verallgemeinern, indem sie das Konzept auch auf die Transformationen einer Plastilinkugel ausdehnten, und zwar in einem Kontext, der äußerlich nur entfernte Ähnlichkeit mit der vorhergehenden Lernsituation aufwies. Als man jedoch die zur Begründung der Erhaltung vorgebrachten Argumente von solchen Versuchspersonen zum Vergleich heranzog, die das Erhaltungskonzept mittels des wesentlich langsameren spontanen Prozesses erworben hatten, stellte sich heraus, dass sie nicht ganz identisch waren.

Die Versuchspersonen in der Experimentalsituation hatten eine Struktur aufgebaut, die nicht alle Möglichkeiten operatorischer Mobilität benutzte, welche in vollkommener Form eine allgemeine Reversibilität enthält. Die Mehrheit ihrer Argumente bezog sich nämlich auf Identität und Kompensation, welche in der Experimentalsituation enthalten waren, während sich nur sehr wenige Argumente auf Reversibilität, die auf Aufhebung beruhte, beriefen.

Dagegen war der Fortschritt in der Experimentalsituation allgemeiner und vollständiger bei Kindern, die sich bereits zu Anfang auf einer elementaren operatorischen Stufe befanden (gekennzeichnet durch den Erwerb des Konzepts der Mengenerhaltung während des Experiments), die aber das komplexere Konzept der Erhaltung des Gewichts noch nicht erworben hatten, was bei spontaner Entwicklung im Allgemeinen erst zwei oder drei Jahre später erfolgt. In diesem Fall ist der Fortschritt echt, wenn die Experimentalsituation das Kind nicht zu passiver Beobachtung verurteilt, sondern eine Reihe operatorischer Übungen einbezieht (z.B. den Beweis für die Gewichtsgleichheit von Gegenständen verschiedener Größe unabhängig von der Position der Waagschalen – und, noch wichtiger, einen Vergleich der Gewichte von Ansammlungen verschiedener Objekte und den Beweis ihrer Äquivalenz oder Nichtäquivalenz). Nach dieser Trainingssequenz erreichten 86% der Versuchspersonen das Erhaltungskonzept (in drei Sitzungen). Unter ihnen waren 64% in der Lage, die transitiven Eigenschaften von Reihenfolge oder Gleichheit des Gewichts zu benutzen und, unter Verwendung von Argumenten, die sich auf vollständige Reversibilität beriefen, zu zeigen, dass diese Eigenschaften ihrer Meinung nach logisch evident waren. Erwerbungen dieser Art unterscheiden sich deshalb deutlich von den pragmatischen Lösungen, die von Kindern geliefert werden, welche (wie in

Smedslunds Experiment) auf präoperatorischer Stufe nur mit empirischer Evidenz konfrontiert werden.

Im Wesentlichen zeigt dieses Experiment, dass Lernen den Entwicklungsstadien der Kinder untergeordnet ist. Wenn sie der operatorischen Stufe nahe genug stehen, d.h., wenn sie in der Lage sind, quantitative Beziehungen zu verstehen, reichen die während des Experiments angestellten Vergleiche aus, sie zu Kompensation und Erhaltung zu bringen. Doch je weiter sie von der Möglichkeit zu operatorischer Quantifizierung entfernt sind, desto weniger wahrscheinlich ist es, dass sie die Lernsequenz zum Erwerb eines Erhaltungskonzepts nutzen.

In einem von M. Laurendeau durchgeführten Experiment ging es darum, zunehmende Dezentrierung und Äquilibration herbeizuführen und die so erzielten Ergebnisse mit denen zu vergleichen, die nach Art von B.F. Skinner durch operantes Lernen mit externer Bekräftigung erzielt worden waren. Eine Gruppe von Versuchspersonen wird aufgefordert, anzugeben, welche Höhe eine Flüssigkeit erreichen wird, wenn sie von einem Behälter in einen anderen von unterschiedlicher Form gegossen wird. Den Versuchspersonen wird dann gezeigt, welche Höhe die Flüssigkeit erreicht, wenn man sie tatsächlich umgießt, sodass sie sehen können, ob ihre Vorhersage korrekt war. Nun werden die Versuchspersonen gefragt, ob Erhaltung vorliegt, und wenn sie sie leugnen, werden sie aufgefordert, die Menge hinzuzufügen, die erforderlich ist, um die Niveaus auszugleichen. Das wird mit Behältern wiederholt, deren Formen immer weiter voneinander abweichen, bis der eine sehr breit und niedrig, der andere sehr hoch und schmal ist und es offenkundig wird, dass gleiche Flüssigkeitshöhen keine gleichen Flüssigkeitsmengen schaffen. Im dritten Teil des Experiments werden 12 Gefäße benutzt, die allmählich höher und schmaler werden, wobei die mittleren (6 und 7) gleich sind; diese werden von der Versuchsperson mit Flüssigkeitsmengen gefüllt, die sie für gleich hält. Sie werden umgegossen in die Behälter 5 bzw. 8; die Handlung wird wiederholt, und 6 und 7 werden in 4 und 9 gegossen usw. Bei Kindern zwischen fünf und sechs Jahren lässt sich eine entscheidende Leistungsverbesserung erkennen, und das wird auch durch die Nachtests bestätigt, die eine Woche bzw. drei Monate später durchgeführt werden.

Versuchspersonen in einer zweiten Gruppe werden aufgefordert, die gleichen Vorhersagen zu machen, doch dann werden ihnen nur Fragen (insgesamt etwa 20) zur Erhaltung gestellt; richtige Antworten werden angemessen belohnt. Tatsächlich ist das Kind sehr rasch in der Lage, nur richtige Antworten zu geben, vermag das auch noch zwei oder drei Tage später, doch Nachtests zeigen, dass sein Lernen wesentlich begrenzter und instabiler ist.

Zusammenfassend lässt sich feststellen, dass Lernen von den Entwicklungsmechanismen abzuhängen und nur stabil zu werden scheint, insoweit es bestimmte Aspekte dieser Mechanismen verwendet – nämlich eben jene Quantifizierungsinstrumente, die sich auch im Lauf spontaner Entwicklung herausgebildet hätten.

V.
Die operativen und figurativen Aspekte kognitiver Funktionen

16.

Die in Kapitel III beschriebenen Stadien betreffen lediglich die Intelligenzentwicklung, und die in Kapitel IV betrachteten Lernaspekte sind nur für diese Stadien relevant.

Wenn wir ein vollständiges Bild von der geistigen Entwicklung erhalten wollen, dürfen wir uns nicht mit den operativen Aspekten der kognitiven Entwicklung zufrieden geben, sondern müssen auch ihre figurativen Aspekte betrachten. *Operativ* nennen wir diejenigen Tätigkeiten des Subjekts, die Wirklichkeit zu transformieren versuchen: *(a)* die Gesamtheit aller Handlungen (ausgenommen jene, die, wie Nachahmung oder Zeichnen, ihrer Intention nach rein akkommodatorisch sind) und *(b)* die Operationen selbst. Insofern ist »operativ« ein umfassenderer Begriff als »operatorisch«, der sich nur auf die Operatoren bezieht. Hingegen werden wir *figurativ* die Tätigkeiten nennen, deren Bestreben es ist, Wirklichkeit nur so zu repräsentieren, wie sie erscheint, ohne den Versuch, sie zu transformieren: *(a)* Wahrnehmung, *(b)* Nachahmung in einem weiten Sinne (einschließlich grafischer Nachahmung oder Zeichnen) und *(c)* bildhafte Repräsentation in der Vorstellung.

Bevor wir diese figurativen Aspekte und ihre Beziehungen zu den operativen Aspekten der Erkenntnis erörtern, müssen wir kurz auf ihre Beziehungen zur semiotischen Funktion (im Allgemeinen »Symbolfunktion« genannt) eingehen. Im

Zusammenhang mit semiotischen Funktionen unterschied Ch. S. Peirce zwischen »Indices« (Wahrnehmungen), »Ikonen« (inneren Bildern) und »Symbolen«, zu denen er die Sprache zählte. Wir ziehen F. de Saussures Terminologie vor, die in der Linguistik breitere Anwendung findet und folgende psychologische Merkmale aufweist:

a) Anzeichen sind Signifikatoren, die von ihren Signifikaten nicht unterschieden werden, da sie ein Teil oder ein ursächliches Ergebnis von ihnen sind. Wenn beispielsweise ein Säugling die Stimme eines Menschen hört, so ist das für ihn ein Anzeichen für dessen Anwesenheit.

b) Symbole sind Signifikatoren, die von ihren Signifikaten unterschieden werden, aber ein gewisses Maß an Ähnlichkeit mit ihnen bewahrt haben; etwa wenn in einem Symbolspiel Brot durch einen weißen Stein und Gemüse durch Gras dargestellt wird.

c) Zeichen sind Signifikatoren, die ebenfalls von ihren Signifikaten unterschieden werden, aber auf Übereinkunft beruhen und deshalb mehr oder weniger »willkürlich« sind. Das Zeichen ist stets sozial, während das Symbol rein individuellen Ursprungs sein kann, wie etwa in Symbolspielen oder Träumen.

Wir werden also als semiotische Funktion (wir können auch sagen: symbolische Funktion; aber semiotisch hat eine umfassendere Bedeutung) die vom Kind im zweiten Lebensjahr erworbene Fähigkeit bezeichnen, ein nichtgegenwärtiges Objekt oder ein nichtwahrgenommenes Ereignis durch Symbole oder Zeichen zu repräsentieren – durch Signifikatoren also, die sich von ihren Signifikaten unterscheiden. So umfasst die semiotische Funktion neben Sprache auch Symbolspiele, Vorstellungsbilder und grafische Bilder (Zeichnungen) sowie aufgeschobene Nachahmung (in Abwesenheit des Vorbilds beginnend), die sich etwa zur gleichen Zeit zeigen (ausgenommen das Zeichnen, das etwas später auftritt), während Anzeichen (einschließlich der »Signale« der Konditionierung) bereits während der ersten Wochen eine Rolle spielen. Der Übergang von Anzeichen zu Symbolen und Zeichen – mit anderen Worten: der Beginn jener Differenzierung, die die semiotische Funktion charakterisiert – steht in eindeutiger Beziehung zum Fortschreiten der Nachahmung, die auf der sensomotorischen Stufe eine Art Repräsentation durch tatsächliche Handlungen ist. Wenn die Nachahmung differenziert und in Form von Vorstellungsbildern verinnerlicht wird, wird sie auch zum Ursprung von Symbolen und zum Instrument von kommunikativem Austausch, welcher den Spracherwerb ermöglicht.

In dieser Definition schließt die semiotische Funktion teilweise die figurativen Erkenntnistätigkeiten ein, die ihrerseits die semiotische Funktion teilweise einschließen. Es gibt also Überschneidungen zwischen ihren jeweiligen Bereichen, aber keine Gleichwertigkeit oder völlige Einschließung. Wahrnehmung ist nämlich eine figurative Tätigkeit, gehört aber nicht zur semiotischen Funktion, da sie nur Anzeichen oder repräsentative Signifikatoren verwendet. Sprache gehört zur semiotischen Funktion, ist aber nur zum Teil figurativ (hauptsächlich beim kleinen Kind; mit zunehmendem Alter – vor allem zu Beginn der formalen Operationen – nur noch in geringem Maß). Nachahmung, Vorstellungsbilder und Zeichnungen dagegen sind figurativ und semiotisch zugleich.

17.

Wahrnehmung soll hier nur kurz erörtert werden (siehe dazu mein Buch *Les mécanismes perceptifs* von 1961). Anzumerken ist hier allerdings, dass wir uns, als wir die Entwicklung der Wahrnehmung beim Kind untersuchten, veranlasst sahen zur Unterscheidung zwischen »Feldeffekten« (Feld hier verstanden als Feld visueller motorischer Zentrierung, *nicht* als Feld im Sinne der Gestalttheorie) und exploratorischen Wahrnehmungstätigkeiten, wie visuellen Verlagerungen, Herstellen von Beziehungen und von Zusammenhängen (soweit es Position oder Richtung betrifft).

Feldeffekte gehen mit dem Alter quantitativ zurück (dies ist der Fall bei elementaren geometrisch-optischen Abbildungen wie der Müller-Lyer'schen), aber sie behalten ihre qualitativen Merkmale. Infolgedessen führt ihre Entwicklung im Lauf des Älterwerdens zu keiner Stadienfolge. Beispielsweise gelang es uns, anhand des Konzepts der visuellen Zentrierungen (die wir zusammen mit T. Vinh-Bang anhand von Augenbewegungen untersuchten) ein probabilistisches Modell von »Begegnungen« und »Koppelungen« (durch aufeinander folgende Zentrierungen) zu entwickeln, welches ein allgemeines Gesetz der planen primären Täuschungen liefert und anhand dessen sich für jede Täuschung ihr theoretischer positiver und negativer Maximalpunkt errechnen lässt. Diese Punkte sind experimentell überprüft worden und bleiben in jedem Alter gleich, obgleich das quantitative Ausmaß der Täuschung abnimmt.

Dagegen werden Wahrnehmungsaktivitäten mit fortschreitendem Alter modifiziert; hier lassen sich – zumindest in Ansätzen – bestimmte Stadien erkennen. Wenn man beispielsweise ein und derselben Versuchsperson die Müller-Lyer'sche oder die Rautentäuschung (Unterschätzung der Hauptdiagonalen) 20 bis 30 Mal darbietet, lässt sich ein Lerneffekt beobachten, der von sieben Jahren an zunimmt. Noelting und Gonheim konnten zeigen, dass er sich nicht vor sieben Jahren zeigt. Dieses Wahrnehmungslernen (das auf Selbstregulationen oder spontanen Äquilibrationen beruht) wird nicht bekräftigt, weil die Versuchsperson nichts von ihrem Schätzfehler weiß; es ist vielmehr das Ergebnis von Wahrnehmungstätigkeiten, die mit zunehmendem Alter immer effizienter werden.

Darüber hinaus entdeckten wir (mit Dadsetan), als wir untersuchten, wie Kinder die Horizontalität einer Linie (z.B. in einem gekippten Dreieck) wahrnehmungsmäßig einschätzen, eine konkrete Verbesserung im Alter von ungefähr neun bis zehn Jahren, was direkt mit den entsprechenden räumlichen Operationen korreliert. Wie in allen Fällen, in denen wir die Beziehungen zwischen Wahrnehmung und Intelligenz untersuchen konnten, werden auch hier die Bewegungen von der Intelligenz gesteuert – natürlich nicht, indem sie mit den Wahrnehmungsmechanismen experimentiert, sondern indem sie angibt, wohin sich der Blick richten muss und welche Anhaltspunkte sich für eine gute Wahrnehmungsschätzung nutzen lassen.

18.

Wir haben Vorstellungsbilder eingehend mit B. Inhelder und vielen anderen Mitarbeitern untersucht, wobei wir ihre Beziehungen zur Intelligenz besonders berücksichtigten (indem wir z.B. in einem Erhaltungsexperiment die Versuchspersonen aufforderten, sich vorzustellen, zu welchem Ergebnis es führen würde, wenn eine Flüssigkeit in einen Behälter anderer Form umgegossen wird, bevor sie dieses Ergebnis tatsächlich erblickt hatten). Unsere erste Schlussfolgerung lautet, dass die Vorstellung nicht aus der Wahrnehmung erwächst (sie tritt erst mit ungefähr anderthalb Jahren zusammen mit der semiotischen Funktion auf) und dass sie völlig anderen Gesetzen gehorcht. Vermutlich resultiert sie aus der Verinnerlichung der Nachahmung. Diese Hypothese scheint im Bereich der Symbolspiele von ihren ersten Stadien an bestätigt zu werden (Fiktions- oder Fantasiespiele, welche alle Übergänge zwischen nachahmenden Symbolen durch Gebärden und Handlungen und verinnerlichter Nachahmung oder Vorstellungsbildern zeigen).

Wenn man ferner unterscheidet zwischen »reproduktiven« Vorstellungen (bei denen das Kind sich ein Objekt oder Ereignis vorstellt, das es zwar kennt, aber zu diesem Zeitpunkt nicht tatsächlich wahrnimmt) und »antizipatorischen« Vorstellungen (wenn sich das Kind das Ergebnis einer neuen Kombination vorstellt), so zeigen unsere Untersuchungen folgende Ergebnisse:

a) Unter sieben Jahren lassen sich nur reproduktive Vorstellungen entdecken, und sie alle sind weitgehend statisch. Beispielsweise haben die Versuchspersonen systematisch Schwierigkeiten, sich die Zwischenpositionen vorzustellen, die ein fallender Stock zwischen der senkrechten Position am Anfang und der waagrechten Position am Ende aufweist.

b) Von sieben oder acht Jahren an treten antizipatorische Vorstellungen auf, aber sie werden nicht nur auf neue Kombinationen angewendet. Sie scheinen auch notwendig für die Repräsentation jeder Transformation zu sein, selbst wenn sie bekannt ist, als ob solche Repräsentationen stets eine neue Antizipation enthielten.

Aber diese Forschungsarbeiten haben vor allem die unbedingte Interdependenz zwischen der Evolution von Vorstellungsbildern und der Entwicklung von Operationen erbracht. Antizipatorische Vorstellungen sind nur möglich, wenn die korrespondierenden Operationen vorhanden sind. In unseren Experimenten zur Erhaltung von Flüssigkeitsmengen durchlaufen die jüngeren Versuchspersonen ein Stadium der »Pseudo-Erhaltung«, in dem sie sich vorstellen, der

Flüssigkeitsspiegel in einem schmalen Behälter entspreche dem in einem breiten (und erst, wenn sie sehen, dass der Spiegel dort eine andere Höhe erreicht, verneinen sie die Erhaltung). Ungefähr 23% der Versuchspersonen erkennen, dass der Flüssigkeitsspiegel steigen wird, aber diese Erkenntnis liegt in einem reproduktiven Vorstellungsbild beschlossen (gegründet auf Erfahrung), und die Kinder gelangen zu dem Schluss, es werde zu keiner Erhaltung kommen (aufgefordert, die »gleiche Menge« in die beiden Behälter zu gießen, füllen sie die Flüssigkeit jeweils bis zu gleicher Höhe ein).

Zwar können also Vorstellungsbilder Operationen gelegentlich fördern, doch sind sie nicht ihr Ursprung. Im Gegenteil, Vorstellungsbilder geraten im Allgemeinen beim Auftreten der Operationen immer stärker unter deren Kontrolle (und man kann ihrem Aufbau von Stadium zu Stadium folgen).

19.

Die Untersuchung der Vorstellungsbilder führte uns zur Erforschung der Gedächtnisentwicklung. Gedächtnis hat zwei sehr unterschiedliche Aspekte. Einerseits ist es kognitiv (insofern es Kenntnis der Vergangenheit umfasst), und in dieser Hinsicht macht es, wie wir gleich in einem Beispiel zeigen werden, von den Intelligenzplänen Gebrauch. Andererseits ist Vorstellung nicht abstrakte Kenntnis und steht in einer besonderen und konkreten Beziehung zu Objekten oder Ereignissen. In dieser Hinsicht braucht es für seine Arbeit Symbole, wie Vorstellungsbilder und insbesondere »Gedächtnisbilder«. Vorstellungen lassen sich schematisieren, aber in einem ganz anderen Sinne, da Vorstellungen an sich, so schematisch sie auch sein mögen, keine Pläne sind. Wir werden deshalb den Begriff »Schemata« benutzen, um sie zu bezeichnen. Ein Schema ist eine vereinfachte Vorstellung (z.B. die Lagekarte einer Stadt), während ein Plan repräsentiert, was sich in einer Handlung wiederholen und generalisieren lässt (beispielsweise ist ein Plan das, was allen Handlungen des »Stoßens« eines Objekts mittels eines Stocks oder irgendeines anderen Instruments gemeinsam ist).

In diesem Zusammenhang haben unsere Forschungsarbeiten vor allen Dingen gezeigt, dass Gedächtnisfortschritt von Verbesserungen der operatorischen Intelligenzpläne beeinflusst werden kann, aber nicht muss. Wir zeigten zum Beispiel (mit H. Sinclair und anderen) drei- bis achtjährigen Kindern eine Reihe von zehn Holzstäben, zwischen 9 und 16 Zentimeter lang, die der Länge nach angeordnet waren, und wir forderten sie lediglich auf, sich die Reihe anzusehen. Später – zuerst nach einer Woche, dann nach einem Monat – wurden sie aufgefordert, die Reihe aus dem Gedächtnis zu zeichnen.

Das erste interessante Ergebnis war, dass die jüngeren Kinder sich nach einer Woche nicht mehr an die Folge geordneter Elemente erinnerten, sondern sie durch Assimilation an die Pläne rekonstruierten, die ihrer operatorischen Stufe entsprachen: (a) ein paar gleiche Elemente, (b) kurze und lange, (c) Gruppen von kurzen, mittleren und langen, (d) eine korrekte Folge, aber zu kurz, (e) eine komplette Reihung. Das zweite bemerkenswerte Ergebnis war, dass sich das Gedächtnis nach sechs Monaten (ohne jegliche Darbietung) in 75% der Fälle als verbessert erwies. Die Kinder, die sich auf Stufe *(a)* befunden hatten, stiegen auf zu Stufe *(b)*. Viele gelangten von Stufe *(b)* bis zu *(c)* oder sogar *(d)*. Die *(c)*-Kinder erreichten *(d)* oder *(e)* usw. Natürlich waren die Ergebnisse nicht so spektakulär wie in anderen Experimenten; der Fortschritt war geringer, da sich das Modell schlechter schematisieren ließ (in dem Sinne, dass es schematisch gemacht, nicht, dass es einem Plan *[schème]* assimiliert wurde). Anhand solcher Befunde wird deutlich, dass die Gedächtnisstruktur teilweise von der Struktur der Operationen abzuhängen scheint.

VI.
Die klassischen Entwicklungsfaktoren

20.

Wir haben gesehen, dass es Entwicklungsgesetze gibt und dass sich Entwicklung an eine sequenzielle Ordnung hält, insofern jedes ihrer Stadien zum Aufbau des jeweils nächsten notwendig ist. Aber diese grundlegende Tatsache bleibt noch zu erklären. Die drei klassischen Entwicklungsfaktoren sind Reifung, Erfahrung der materiellen Umwelt und Wirkung der sozialen Umwelt. Die beiden letzten können den sequenziellen Charakter der Entwicklung nicht erklären, und der erste ist, für sich genommen, nicht hinreichend, weil die Entwicklung der Intelligenz keinen Faktor erblich festgelegter Programmierung enthält wie die, die den Instinkten zugrunde liegt. Wir führen deshalb noch einen vierten Faktor an, der in der Tat zur Koordinierung der drei anderen notwendig ist: Äquilibration oder Selbstregulation.

Ganz offensichtlich ist *Reifung* an der Intelligenzentwicklung beteiligt, obgleich wir sehr wenig über die Beziehungen zwischen den intellektuellen Operationen und dem Gehirn wissen. Vor allem spricht der sequenzielle Charakter der Stadien sehr dafür, dass sie teilweise biologischer Natur sind, und lässt insofern auf die konstante Rolle des Genotyps und der Epigenese schließen. Das heißt aber nicht, dass wir davon ausgehen können, es gäbe ein erblich festgelegtes Programm, das der menschlichen Intelligenz zugrunde läge: Es gibt keine »angeborenen Ideen« (ungeachtet der Behauptungen, die K. Lorenz über die apriorische Natur menschlichen Denkens gemacht hat). Selbst Logik ist nicht angeboren, sondern lediglich der Ansatz zu einer fortschreitenden epigenetischen Konstruktion. Die Wirkungsweise der Reifung besteht also im Wesentlichen darin, dass sie der Entwicklung neue Möglichkeiten eröffnet, d.h., dass sie Strukturen ermöglicht, die nicht entwickelt werden konnten, bevor diese Möglichkeiten geboten wurden. Aber zwischen Möglichkeit und Verwirklichung muss eine Reihe anderer Faktoren, wie Übung, Erfahrung und soziale Interaktion, dazwischentreten.

Ein schönes Beispiel für die Lücke, die zwischen angebotenen Möglichkeiten und ihrer Verwirklichung in einer intellektuellen Struktur klafft, zeigt sich beim Betrachten der Boole'schen und logischen Strukturen, die von W. Pitts und W. S. McCulloch in den Nervenverbindungen entdeckt wurden. In diesem Zusammenhang erscheinen die Neuronen als Operatoren, die Informationen nach Regeln verarbeiten, welche denen der Aussagenlogik analog sind. Die Aussagenlogik aber zeigt sich erst auf einer Entwicklungsstufe des Denkens, die mit ungefähr 12 bis 15 Jahren erreicht wird. Es gibt also keine unmittelbare Beziehung zwischen der »Logik der Neuronen« und der des Denkens. In diesem besonderen Fall, wie in vielen anderen, darf der Prozess nicht als fortschreitende Reifung verstanden werden, sondern muss gesehen werden als eine Abfolge von Konstruktionen, die alle ihre unmittelbaren Vorgänge partiell wiederholen, aber auf ganz anderer Ebene und mit ganz anderer Reichweite. Ermöglicht wird die Neuronenlogik ursprünglich ausschließlich durch eine Nervenaktivität. Aber diese Aktivität ermöglicht dann eine sensomotorische Organisation auf der Verhaltensebene. Doch führt diese Organisation, wenn sie auch bestimmte Strukturen der Nervenaktivität beibehält und folglich mit ihr partiell isomorph ist, zuerst zu einer Reihe von Verbindungen zwischen Verhaltensweisen, die weit einfacher sind als die Nervenaktivität selbst, weil die Verhaltensweisen Handlungen und Objekte miteinander in Beziehung setzen müssen und nicht mehr ausschließlich auf interne Übermittlung eingeschränkt sind. Außerdem ermöglicht die sensomotorische Organisation die Konstitution des Denkens und seiner symbolischen Instrumente; diese implizieren den Aufbau einer neuen Logik, die partiell mit vorhergehenden Logiken isomorph ist, die aber auch mit neuen Problemen konfrontiert wird – und der Kreislauf beginnt von vorn. Die Aussagenlogik wird im Alter zwischen 12 und 15 Jahren entwickelt und ist insofern keineswegs die unmittelbare Folge der Neuronenlogik, sondern das Ergebnis einer Abfolge sukzessiver Konstruktionen, die nicht in der erblich angelegten Nervenstruktur nur vorgeformt sind, sondern durch diese ursprüngliche Struktur ermöglicht werden. So sind wir heute weit von einem Modell kontinuierlicher Reifung entfernt, das alles anhand vorgeformter Mechanismen erklärt. An die Stelle dieses rein endogenen Modells muss eine Folge realer Konstruktionen treten, deren sequenzielle Ordnung nicht bloß Prädetermination bedeutet, sondern weit mehr voraussetzt.

21.

Ein zweiter Faktor, auf den man sich herkömmlicherweise beruft, um kognitive Entwicklung zu erklären, ist *Erfahrung* durch Kontakt mit der physischen Außenwelt. Dieser Faktor ist äußerst heterogen, und es gibt zumindest drei Kategorien und Bedeutungen von Erfahrung, unter denen wir zwei entgegengesetzte Pole unterscheiden:

a) Der erste ist einfache *Übung*, zu der natürlich Objekte gehören, an denen Handlungen vorgenommen werden, was aber nicht notwendigerweise bedeutet, dass irgendeine Erkenntnis an ihnen gewonnen wird. So hat man beobachtet, dass Übung sich positiv auf die Konsolidierung eines Reflexes oder einer Gruppe komplexer Reflexe wie etwa des Saugens auswirkt, das sich durch Wiederholung während der ersten Lebenstage merklich verbessert. Dies trifft auch auf die Übung intellektueller Operationen zu, welche sich auf Objekte anwenden lassen, obwohl sich diese Operationen nicht von den Objekten herleiten. Dagegen kann die Übung einer exploratorischen Wahrnehmungstätigkeit oder eines Experiments neue Information von außen liefern, während sie die Tätigkeit des Subjekts konsolidiert. Wir können also beim Üben selbst zwei gegensätzliche Tätigkeitspole unterscheiden: einen Pol der Akkommodation an das Objekt, welche dann der einzige Ursprung der auf den Eigenschaften des Objekts basierenden Erwerbungen ist, und einen Pol funktionaler Assimilation, d.h. der Konsolidierung durch aktive Wiederholung. Unter diesem zweiten Blickwinkel ist Übung in erster Linie ein Faktor von Äquilibration oder Selbstregulation, hat also mehr mit Strukturierungen zu tun, die von der Tätigkeit des Subjekts abhängen, als mit einer Zunahme an Erkenntnis der äußeren Umwelt. – Hinsichtlich der eigentlichen Erfahrung im Sinne von Erwerb neuer Erkenntnis durch Manipulation von Objekten (und nicht mehr durch bloße Übung) müssen wir abermals zwischen zwei entgegengesetzten Polen unterscheiden, welche den Kategorien *(b)* und *(c)* entsprechen.

b) Es gibt den Erfahrungstypus, den wir *dinglich* nennen und der darin besteht, dass Information durch einen einfachen Abstraktionsprozess an den Objekten selbst gewonnen wird. Diese Abstraktion beschränkt sich darauf, neu entdeckte Eigenschaften von den anderen zu trennen und Letztere außer Acht zu lassen. Solche dingliche Erfahrung erlaubt dem Kind also, das Gewicht eines Objekts zu entdecken und seine Farbe usw. außer Acht zu lassen oder zu entdecken, dass bei Objekten gleicher Beschaffenheit das Gewicht größer wird, wenn ihr Volumen anwächst, usw.

c) Neben der dinglichen Erfahrung *(b)* und der einfachen Übung *(a)* gibt es eine dritte grundlegende Kategorie, die in diesem Zusammenhang merkwürdigerweise so gut wie nie erwähnt wird. Gemeint ist der Erfahrungstypus, den wir *logisch-mathematisch* nennen. Er spielt eine wichtige Rolle auf allen Stufen kognitiver Entwicklung, auf denen logische Ableitung oder Berechnung noch nicht möglich ist, und zeigt sich auch stets, wenn das Subjekt sich Problemen gegenübersieht, angesichts deren es neue Ableitungsinstrumente entdecken muss. Zu diesem Erfahrungstypus gehört auch der handelnde Umgang mit Objekten, weil es ohne – wirkliche oder vorgestellte – Handlung als Ausgangspunkt keine Erfahrung geben kann; das würde nämlich bedeuten, dass keine Berührung mit der Außenwelt stattfindet. Doch die so gewonnene Erkenntnis beruht nicht auf den physischen Eigenschaften dieser Objekte, sondern auf den Eigenschaften der Handlungen, welche an ihnen vorgenommen werden, was ganz und gar nicht das Gleiche ist. Nur scheinbar rührt diese Erkenntnis von den Objekten her, denn sie besteht aus der mittels Manipulation von Objekten gewonnenen Entdeckung von Eigenschaften, welche durch die Handlungen eingebracht werden und vor diesen also noch nicht vorhanden waren. Wenn ein Kind beispielsweise Steinchen zählt, sie dabei zufällig in eine Reihe legt, feststellt, dass sie von links nach rechts gezählt dieselbe Zahl ergeben wie von rechts nach links, dass dies auch für eine kreisförmige Anordnung gilt usw., so hat es experimentell entdeckt, dass die Summe unabhängig von der Anordnung ist. Aber das ist eine logisch-mathematische Erfahrung und keine dingliche, weil weder die Ordnung noch die Summe selbst zu den Steinchen gehörten, bevor sie in einer bestimmten Weise arrangiert (d.h. geordnet) und zu einem Ganzen verbunden wurden. Das Kind hat damit eine ihm neue Beziehung zwischen der Handlung des Anordnens und der Handlung des Zusammenfügens (und infolgedessen auch zwischen zwei künftigen Operationen) entdeckt und nicht – oder *nicht nur* – eine Eigenschaft, die zu den Steinchen gehört.

Es zeigt sich also, dass der Faktor der erworbenen Erfahrung tatsächlich komplex ist und stets zwei Pole umfasst: Erwerbungen, die von den Objekten abgeleitet werden, und konstruktive Tätigkeiten des Subjekts. Selbst dingliche Erfahrung *(b)* kommt nie in reiner Form vor, da sie sich immer in einem, wenn auch noch so elementaren, logisch-mathematischen Rahmen vollzieht (wie etwa bei den geometrischen Wahrnehmungsgestalten). Das bedeutet letztlich, dass keine der Handlungen – wie z.B. »Wiegen« –, die zu dinglicher Erkenntnis führen, unabhängig von allgemeineren Handlungskoordinationen ist (wie etwa Ordnen, Zusammenfügen usw.), welche ein Ursprung logisch-mathematischer Erkenntnis sind.

22.

Der dritte klassische Entwicklungsfaktor ist der Einfluss der *sozialen Umwelt*. Seine Bedeutung wird sofort ersichtlich, wenn wir uns klar machen, dass die in Kapitel III genannten Stadien hinsichtlich ihres durchschnittlichen chronologischen Alters je nach der kulturellen und erzieherischen Umwelt des Kindes beschleunigt oder verzögert werden. Andererseits ist die Tatsache, dass die Stadien in *jeder* Umwelt die gleiche sequenzielle Ordnung zeigen, ein hinlänglicher Beweis dafür, dass die soziale Umwelt nicht alles erklären kann. Das bedeutet, dass die gleich bleibende Reihenfolge folglich nicht der Umwelt zugeschrieben werden kann.

Tatsächlich trifft auf die sozialen oder erzieherischen Einflüsse in dieser Hinsicht das Gleiche zu wie auf die dingliche Erfahrung: Sie können nämlich auf das Subjekt nur einwirken, wenn es fähig ist, sie zu assimilieren, und dazu ist es nur in der Lage, wenn es bereits die entsprechenden Instrumente oder Strukturen (oder ihre einfacheren Vorformen) besitzt. Zum Beispiel wird ein Lehrinhalt effektiv nur assimiliert, wenn er das Kind zu aktiver Rekonstruktion oder sogar Re-Invention veranlasst.

Ein ausgezeichnetes Beispiel für diese komplexe Situation liefert das schwierige Problem der Beziehungen zwischen Sprache und Denken. Viele Autoren haben behauptet, dass Sprache nicht nur ein wesentlicher Faktor für die Konstituierung von Vorstellung oder Denken sei, was eine erste Frage aufwirft, sondern dass Sprache auch der Ursprung der logischen Operationen (z.B. Klassifikation, Ordnung, aussagenlogische Operationen) sei, was eine zweite Frage aufwirft.

Hinsichtlich der ersten Frage trifft es zweifellos zu, dass Sprache eine wichtige Aufgabe bei der Verinnerlichung von Handlungen in Vorstellungen und im Denken erfüllt. Doch ist dabei nicht nur der Sprachfaktor am Werk. Wir müssen uns an die symbolische oder semiotische Funktion als ganze halten – und Sprache ist nur ein Teil von ihr. Die anderen Repräsentationsinstrumente sind aufgeschobene Nachahmung, Vorstellungsbilder (die verinnerlichte Nachahmung sind und nicht eine bloße Verlängerung von Wahrnehmung), Symbolspiele (oder Phantasiespiele), Zeichnen (oder grafische Nachahmung) usw.; für den Übergang zwischen den sensomotorischen und den semiotischen Funktionen ist sicherlich Nachahmung im allgemeinen Sinne verantwortlich. Sprache muss also – mag ihr Anteil noch so wichtig sein – im allgemeinen Kontext der semiotischen Funktion gesehen werden. Beispielsweise zeigt die Untersuchung von Taubstummen, wie weit man mit den anderen symbolischen Instrumenten kommen kann, wenn die Entwicklung artikulierter Sprache gestört ist.

Wenn wir uns jetzt der Frage nach den Beziehungen zwischen Sprache und logischen Operationen zuwenden, so haben wir stets daran festgehalten, dass der Ursprung der logischen Operationen sowohl tiefer wie auch entwicklungsmäßig früher liegt als der der Sprache; das heißt, er ist in den Gesetzen der allgemeinen Handlungskoordinationen zu suchen, die alle Aktivitäten, einschließlich der Sprache selbst, kontrollieren.

Eine elementare Logik liegt bereits in der Koordination der sensomotorischen Pläne vor (vgl. Kapitel I: Translationsgruppe, Erhaltung der Objekte usw.). Sie liegt schon in einer Intelligenzform vor, die weder verbal noch symbolisch ist. Allerdings müssen die Beziehungen zwischen Sprache und logischen Operationen auf der Ebene verinnerlichten Denkens noch genauer bestimmt werden.

Dies hat vor einiger Zeit H. Sinclair in einer Reihe höchst instruktiver Experimente psychologischer und linguistischer Natur unternommen. Sie untersuchte zwei Gruppen von fünf- bis siebenjährigen Kindern: die eine offensichtlich in einem präoperatorischen Stadium und unfähig, das Erhaltungskonzept zu erreichen, die andere dagegen mit allen geistigen Instrumenten ausgestattet, die zur Erhaltung führen. Sinclair konnte nun zeigen, dass die Sprache dieser beiden Gruppen im Durchschnitt auch dann erhebliche Unterschiede aufwies, wenn sie ihnen Aufgaben stellte, die nichts mit Erhaltung zu tun hatten: so, als sie aufgefordert wurden, zwei oder mehr Gegenstände zu vergleichen, beispielsweise einen langen dünnen und einen kurzen dicken Bleistift. Die präoperatorische Gruppe verwendete hauptsächlich die nichtrelationalen Ausdrücke einer Skala: »Dieser ist lang, dieser ist kurz, dieser ist dick und dieser ist dünn.« Die operatorische Gruppe dagegen benutzte hauptsächlich »Vektoren«: »Dieser ist kleiner und dicker« usw.

Es gibt eine eindeutige Beziehung zwischen sprachlicher und operatorischer Ebene (was auch für andere Situationen gilt). Aber in welcher Richtung? Zur Beantwortung dieser Frage brachte Sinclair einer Gruppe jüngerer Versuchspersonen sprachliche Formen bei, die sonst nur von älteren Kindern verwendet werden. Danach ermittelte sie die operatorische Stufe dieser Gruppe ein zweites Mal und stellte fest, dass nur annähernd 10% einen Fortschritt gemacht hatten; bei diesem sehr geringen Anteil könnte es sich auch um Übergangsfälle gehandelt haben oder um Fälle, die sich bereits sehr nahe der operatorischen Schwelle befanden. So können wir feststellen, dass Sprache nicht der Motor der Entwicklung, sondern vielmehr ein Instrument im Dienst der Intelligenz zu sein scheint.

Zum Abschluss der Abschnitte 20, 21 und 22 lässt sich also festhalten, dass die traditionellen Faktoren (Reifung, Erfahrung, soziale Umwelt) nicht auszureichen scheinen, um Entwicklung zu erklären. Wir müssen uns deshalb an einen vierten Faktor, *Äquilibration*, halten, und das aus zwei Gründen: Der erste ist der, dass diese drei heterogenen Faktoren keine sequenzielle Entwicklung erklären können, wenn sie sich nicht untereinander in irgendeiner Beziehung oder in einem Gleichgewicht befinden, und dass es einen vierten, organisierenden Faktor geben muss, der sie zu einer schlüssigen, widerspruchsfreien Gesamtheit koordiniert. Der zweite Grund ist, dass – wie wir heute wissen – jede biologische Entwicklung selbstregulativ ist und dass selbstregulierende Prozesse auf der Ebene des Verhaltens und der Konstituierung kognitiver Funktionen sogar noch häufiger sind. Deshalb müssen wir diesen Faktor gesondert betrachten.

VII.
Äquilibration und kognitive Strukturen

23.

Wichtigstes Ziel einer Entwicklungstheorie ist es, die Herausbildung der *operatorischen* Strukturen der integrierten Gesamtheit (structure opératoire d'ensemble) zu erklären, und wir glauben, dass dazu nur die Annahme einer fortschreitenden Äquilibration in der Lage ist. Um das zu verstehen, müssen wir zuerst die operatorischen Strukturen selbst einer kurzen Betrachtung unterziehen.
Klassische Geltung bekam der Strukturbegriff in der Psychologie, als er von den Gestalttheoretikern zum Kampf gegen die Assoziationstheorie und ihre atomistischen Denkgewohnheiten eingeführt wurde. Doch die Gestalttheoretiker gingen von einem einzigen Strukturtypus aus, den sie auf die Gesamtheit der Psychologie, von der Wahrnehmung bis zur Intelligenz, angewendet wissen wollten. Sie versäumten es, zwischen zwei Merkmalen zu unterscheiden, die in Wahrheit grundverschieden sind. Das Erste ist allen Strukturen gemeinsam; sie alle tragen Ganzheitsgesetze in sich, weil sie ein System bilden, und diese Gesetze unterscheiden sich von den Eigenschaften der Elemente in der Gesamtheit. Das zweite Merkmal ist die nichtadditive Komposition; das heißt, das Ganze unterscheidet sich quantitativ von der Summe der Teile (wie in der Oppel'schen Wahrnehmungstäuschung). Auf dem Gebiet der Intelligenz gibt es jedoch Strukturen, welche die erste Bedingung erfüllen, aber nicht die zweite; beispielsweise besitzt die Menge der ganzen Zahlen ganzheitliche Eigenschaften als solche (»Gruppe«, »Ring« usw.),

aber die Komposition in ihr ist strikt additiv: 2 + 2 = 4, nicht weniger und nicht mehr.

Wir haben deshalb versucht, die spezifischen Strukturen der Intelligenz zu definieren und zu analysieren. Sie beruhen auf Operationen, d.h. auf verinnerlichten und reversiblen Handlungen, wie Addition, mengentheoretischer Vereinigung, logischer Multiplikation oder, mit anderen Worten, auf der Komposition einer Vielzahl von Klassen oder Relationen, die »gleichzeitig betrachtet« werden. Diese Strukturen entwickeln sich im Denken des Kindes sehr natürlich und spontan; Reihenbildung beispielsweise (d.h. die Anordnung von Objekten nach zunehmender Größe), Klassifizierung, einfache oder mehrfache Zuordnung, Herstellung der multiplikativen Matrix – das sind alles Strukturen, die sich im Alter zwischen sieben und elf Jahren bilden, auf der Stufe, die wir die der »konkreten Operationen« nennen, da sie unmittelbar mit Objekten umgehen. Von elf oder zwölf Jahren an zeigen sich andere Strukturen, wie etwa die Vierergruppe oder die kombinatorischen Prozesse, die wir später beschreiben werden.

Um die Eigenschaften dieser konkret-operatorischen Strukturen zu untersuchen und um ihre Gesetze zu ermitteln, müssen wir uns der Sprache der Logik von Klassen und Relationen bedienen, was aber nicht heißt, dass wir das Gebiet der Psychologie verlassen. Wenn ein Psychologe die Varianz einer Stichprobe berechnet oder die Formeln der Faktorenanalyse benutzt, heißt das ja nicht, dass sein Gebiet jetzt die Statistik und nicht mehr die Psychologie wäre. Zur Analyse von Strukturen müssen wir das Gleiche tun; nur, da wir uns nicht mit Quantitäten befassen, haben wir uns einfach an allgemeinere mathematische Instrumente, wie etwa abstrakte Algebra oder Logik, zu halten. Doch handelt es sich dabei lediglich um Instrumente, mit deren Hilfe wir genuin psychologische Phänomene erfassen können – etwa Operationen, verstanden als verinnerlichte Handlungen oder als allgemeine Koordinationen von Handlungen.

Eine Gesamtstruktur, wie z.B. eine Klassifizierung, hat folgende Eigenschaften, die einfach die tatsächlich in der Handlung des Subjekts vorhandenen Operationen kennzeichnen:

a) Es kann eine Klasse *A* mit einer anderen Klasse *A'* kombinieren, um die Klasse *B* zu erhalten, bezeichnet als A + A' = B (es kann dann fortfahren mit B + B' = C usw.).

b) Es kann *A* oder *A'* von *B* dissoziieren, bezeichnet als B – A' = A, was die inverse Operation darstellt. Es sei angemerkt, dass diese Reversibilität zum Verständnis der Relation A ⊂ B erforderlich ist; wir wissen nämlich, dass das Kind bis zum Alter von sieben oder acht Jahren Schwierigkeiten hat, zu begreifen, dass es, wenn man ihm 10 Primeln *A* und 10 andere Blumen *A'* gibt, dann mehr Blumen *B* als Primeln *A* hat. Denn um das Ganze *B* mit Teil *A* zu vergleichen, muss es in der Lage sein, die beiden Operationen A + A' = B und A = B – A' zu kombinieren, weil sonst das Ganze *B* nicht erhalten und *A* nur mit *A'* verglichen wird.

c) Es wird verstehen, dass A – A = 0 und A + 0 = A.

d) Schließlich wird es fähig sein, zu assoziieren:
(A + A') + B' = A + (A' + B') = C, während (A + A) – A = 0 nicht gleich A + (A – A) = A.

Wir haben diese elementaren »gruppoiden Strukturen« *Gruppierungen* genannt. Sie sind einfacher als mathematische Gruppen, aber auch begrenzter und weniger elegant, insofern Komposition nur zwischen kontingenten Elementen ohne allgemeine kombinatorische Eigenschaften definiert ist und nur begrenzte Assoziativität beweist. Uns ist häufig der Vorwurf gemacht worden, wir hätten hier Strukturen entwickelt, die jeder psychologischen Realität entbehrten. Aber solche

Strukturen sind tatsächlich vorhanden, zum einen, weil sie einfach beschreiben, was in einer Klassifikation, einer Reihenbildung usw. geschieht – lauter Verhaltensweisen, die zeitlich zusammenfallen. Zum anderen lassen sie sich auf psychologischer Ebene an den allgemeinen Merkmalen erkennen, die das Vorhandensein einer Gesamtstruktur offenbaren – z.B. Transitivität (etwa in einer Reihenbildung A < C, wenn A < B und B < C) und Aufbau von Erhaltungskonzepten (Erhaltung eines Ganzen *B*, wenn die Anordnung seiner Teile *A* und *A'* verändert wird, Erhaltung von Länge, Menge usw.).

24.

Dann stellt sich die Frage, wie sich die grundlegenden Intelligenzstrukturen mit all den anderen Strukturen, die später aus ihnen hervorgehen, zeigen und entwickeln können. Da sie nicht angeboren sind, können sie nicht durch Reifung allein erklärt werden. Logische Strukturen sind nicht bloßes Produkt dinglicher Erfahrung; bei Reihenbildung, Klassifikation, eineindeutiger Zuordnung fügen die Tätigkeiten des Subjekts den Objekten neue Relationen, wie z.B. Ordnung und Gesamtheit, hinzu. Logisch-mathematische Erfahrung bezieht ihre Information aus den Handlungen des Subjekts (wie wir in Abschnitt 21 gesehen haben), was eine Selbstregulation dieser Handlungen impliziert. Man könnte annehmen, dass diese Strukturen das Ergebnis sozialer oder pädagogischer Übermittlung sind. Aber wie wir gesehen haben (Abschnitt 22), muss das Kind dennoch verstehen, was übermittelt wird, und dazu sind die Strukturen notwendig. Außerdem verlagert die soziale Erklärung das Problem nur: Wie haben die Mitglieder der sozialen Gruppe die Strukturen ursprünglich erworben?

Doch auf allen Entwicklungsstufen werden Handlungen in einer Weise koordiniert, die bereits einige Merkmale von Ordnung, Einschließung und Zuordnung enthält und solche Strukturen auch präfiguriert (z.B. Ordnung durch Reihenbildung, Einschließung durch Klassifikation, Zuordnung durch multiplikative Strukturen). Noch wichtiger ist allerdings, dass zur Koordination von Handlungen Korrektur und Selbstregulation gehören; wir wissen nämlich, dass Regulationsmechanismen alle Stufen des organischen Lebens kennzeichnen (dies gilt für den Genpool ebenso wie für das Verhalten). Aber Regulation ist ein retroaktiver Prozess (negatives Feedback), der den Beginn von Reversibilität bedeutet; und die Beziehung zwischen Regulation (Fehlerkorrektur mit Semi-Reversibilität bei der Retroaktion) und Operation, deren vollständige Reversibilität die Vorauskorrektur von Fehlern gestattet (d.h. die »perfekte« Regulation im kybernetischen Sinne), wird offenkundig.

So erscheint es als sehr wahrscheinlich, dass der Aufbau der Strukturen vor allem das Werk einer Äquilibration ist, welche nicht durch das Gleichgewicht zwischen entgegengesetzten Kräften, sondern durch Selbstregulation definiert ist. Äquilibration besteht also in einer Reihe aktiver Reaktionen des Subjekts auf externe Störungen, die in unterschiedlichem Maße wirksam sein oder antizipiert werden können. So wird Gleichgewicht identisch mit Reversibilität, aber wenn man (wie z.B. J. Bruner) einwendet, das Gleichgewicht werde überflüssig, weil Reversibilität allein ausreiche, vergisst man, dass es nicht nur das Gleichgewicht in seinem Endzustand in Betracht zu ziehen gilt, sondern dass das Wesentliche in der *Äquilibration* liegt, insofern sie der Selbstregulierungsprozess ist, der zu diesem Endzustand und damit zu der Reversibilität führt, welche die zu erklärenden Strukturen kennzeichnet.

25.

Äquilibration ist ein Erklärungsfaktor, weil sie auf einem Prozess mit zunehmenden sequenziellen Wahrscheinlichkeiten beruht. Wir können das besser anhand eines Beispiels verstehen: Wie lässt sich erklären, dass ein Kind, wenn man vor seinen Augen eine Tonkugel zu einer Wurst verformt, anfangs leugnet, dass die Tonmenge angesichts dieser Transformation erhalten bleibt, und schließlich doch die logische Notwendigkeit der Erhaltung feststellt? Dazu müssen wir vier Schritte definieren, deren jeder zunehmend wahrscheinlicher wird – nicht *a priori*, sondern abhängig von der jeweils vorliegenden oder unmittelbar vorangehenden Situation.

a) Ursprünglich zieht das Kind nur eine Dimension in Betracht, zum Beispiel die Länge (sagen wir in 8 von 10 Fällen). Dann sagt es, die Wurst enthalte mehr Material, weil sie länger sei. Manchmal (etwa in 2 von 10 Fällen) sagt es, sie sei dünner, wobei es vergisst, dass sie länger ist, und kommt zu dem Schluss, die Materialmenge habe abgenommen. Warum folgert es so? Einfach weil die Wahrscheinlichkeit, nur eine Dimension in Betracht zu ziehen, größer ist. Wenn die Wahrscheinlichkeit für die Länge .8 und für die Dicke .2 beträgt, ist die Wahrscheinlichkeit für Länge *und* Dicke .16, weil sie für das Kind unabhängig voneinander sind, solange es die Kompensation nicht versteht.

b) Wenn die Wurst immer länger und länger geformt wird oder wenn das Kind es leid wird, immer dasselbe Argument zu wiederholen, wird allmählich die Wahrscheinlichkeit größer, dass es die andere Dimension bemerkt (obgleich das ursprünglich nicht der Fall war), und es wird zwischen den beiden Schlussfolgerungen hin-und-her-Pendeln.

c) Wenn ein solches Hin-und-her-Pendeln vorliegt, wird wiederum die Wahrscheinlichkeit größer, dass das Kind eine

Korrelation zwischen den beiden Variationen bemerkt – wenn die Wurst länger wird, wird sie dünner (dritter Schritt). Sobald sich aber dieses Empfinden für die Gemeinsamkeit zwischen den Variablen zeigt, hat das schlussfolgernde Denken des Kindes eine neue Eigenschaft angenommen: Es hält sich nicht mehr nur an *Konfigurationen*, sondern beginnt, sich auch mit *Transformationen* zu beschäftigen. Die Wurst ist nicht einfach »lang«; sie kann sich »verlängern« usw.

d) Sobald das Denken des Kindes Transformationen in Betracht zieht, wird wiederum der nächste Schritt wahrscheinlicher, in dem es (abwechselnd oder gleichzeitig) versteht, dass sich eine Transformation umkehren lässt oder dass sich die beiden gleichzeitigen Transformationen von Länge und Dicke aufgrund der wahrgenommenen Gemeinsamkeit [vgl. Schritt *c)*] ausgleichen.

Es zeigt sich also, dass die fortschreitende Äquilibration ein beträchtlicher Erklärungsfaktor ist. Schritt *a)* (der von allen, die unsere Forschungsarbeiten überprüft haben, bestätigt wurde) stellt keine Gleichgewichtssituation dar, weil das Kind nur eine Dimension bemerkt hat: In diesem Falle ist die algebraische Summe der virtuellen Komponenten der Arbeit (um d'Alemberts Prinzip der Mechanik zu zitieren) nicht gleich null, weil eine von ihnen – die Beachtung der anderen Dimension – noch nicht abgeschlossen ist und früher oder später wirken wird. Der Übergang von einem Schritt zum anderen ist infolgedessen Äquilibration in ganz klassischer Bedeutung des Wortes. Aber da diese Verlagerungen des Systems Tätigkeiten des Subjekts sind und da jede dieser Tätigkeiten darin besteht, die jeweils unmittelbar vorangehende zu berichtigen, wird Äquilibration zu einer Folge von Selbstregulationen, deren retroaktive Prozesse schließlich in operatorische Reversibilität münden. Letztere geht über bloße Wahrscheinlichkeit hinaus und erreicht logische Notwendigkeit.

Was wir eben zu einem Fall operatorischer Erhaltung ausgeführt haben, ließe sich über den Aufbau jeder operatorischen Struktur wiederholen. Die Reihenbildung $A < B < C$ ergibt sich beispielsweise, wenn sie operatorisch wird, aus der Koordinierung der Relationen < und > (wobei jedes neue Element *E* in der geordneten Sequenz sowohl die Eigenschaft > *D, C, B, A* wie auch die Eigenschaft < *F, G, H*, … besitzt), und diese Koordinierung ist abermals das Ergebnis eines Äquilibrationsprozesses von zunehmenden sequenziellen Wahrscheinlichkeiten, wie wir sie beschrieben haben. Ähnlich wird bei Klasseninklusion $A \subset B$, wenn $B = A + A'$ und $A' > O$, durch eine Äquilibration gleicher Art erzielt.

Deshalb ist es keine Übertreibung, wenn wir sagen, Äquilibration sei der grundlegende Entwicklungsfaktor und sei sogar notwendig für die Koordinierung der drei anderen Faktoren.

VIII.
Die logisch-mathematischen Aspekte von Strukturen

26.

Die eben genannten »konkret«-operatorischen Strukturen setzen alle die Konstruktion bestimmter Quantitäten voraus: Klassenextension zur Klassifizierung (woraus sich die Schwierigkeit der Quantifizierung von Klasseninklusion erklärt), Größe der Unterschiede für die Reihenbildung, quantitative Erhaltungen usw. Doch noch bevor diese quantitativen Strukturen aufgebaut werden, lassen sich einige partielle und quantitative Strukturen auf den präoperatorischen Stufen beobachten, die von großem Interesse sind, weil sie sozusagen die erste Hälfte der Logik reversibler Operationen darstellen. Es sind die gerichteten Funktionen (einseitig gerichtete Funktionen ohne Inverse, welche Umkehrbarkeit bedeuten würden) und die qualitativen Identitäten (vgl. Abschnitt 10).

Die Funktionen sind – wie wir uns erinnern – »Abbildungen« im mathematischen Sinne, die keine Inverse haben, weil sie, wie wir sahen, psychologisch auf die zielgerichteten Handlungspläne bezogen sind. Nehmen wir zum Beispiel an, wir hätten ein Stück Schnur *b*, deren einer Teil *a* sich im rechten Winkel zum Rest *a'* befindet. Die Schnur gleitet über einen Nagel hinweg, wenn *a'* mit einem Gewicht verbunden und *a* von einer Feder gehalten wird. Alle Kinder zwischen vier und sieben Jahren verstehen, dass *a*, wenn man an *b* zieht, in dem Maße kürzer wird, wie *a'* sich verlängert. Aber sie beherrschen noch nicht die Erhaltung der Gesamtlänge von *b* (*b* = *a* + *a'*), und sie vollziehen noch keine quantifizierende Operation, sondern einfach eine qualitative oder Ordinalgleichung (länger = weiter).

Entsprechend sind hinsichtlich der Identität, wie wir sahen, alle (oder fast alle) Kinder der Meinung, dass eine Kugel aus Ton, wenn sie in eine Wurst umgeformt wird, »derselbe« Tonklumpen bleibt, auch wenn sie noch nicht über die Erhaltung von Quantität verfügen. Diese Identitäten werden früh erworben, und der in Abschnitt 2 erwähnte Plan der Objektpermanenz ist eine von ihnen. J. Bruner hält sie für den Ursprung quantitativer Erhaltungen. Das ist in einer Hinsicht richtig (sie sind eine notwendige, aber keine hinreichende Bedingung), doch bleibt ein zentraler Unterschied: Qualitäten (auf die sich die qualitative Identität gründet) lassen sich mittels der Wahrnehmung feststellen, während Quantität eine langwierige strukturelle Ausarbeitung verlangt, deren Komplexität wir gerade erörtert haben (Abschnitte 23 bis 26).

Funktionen und qualitative Identität konstituieren in der Tat nur jene Hälfte einer Logik, die präoperatorisch und qualitativ ist und die zur Logik der reversiblen und quantitativen Operationen führt, aber nicht in der Lage ist, diese zu erklären.

27.

Diese Quantifizierung konkreter Operationen im Gegensatz zur qualitativen Natur präoperatorischer Funktionen und Identitäten zeigt sich vor allem, etwa mit sieben oder acht Jahren, bei der Konstruktion numerischer und metrischer Operationen, die teilweise isomorph sind, aber sehr unterschiedliche Inhalte haben. Die Konstruktion von Kardinalzahlen lässt sich nicht, wie B. Russell und A.N. Whitehead annahmen, einfach durch eineindeutige Zuordnung zwischen äquivalenten Klassen erklären, weil die von ihnen verwendete Zuordnung durch die Abstraktion von Qualitäten (im Unterschied zur qualifizierten Zuordnung zwischen einzelnen Objekten mit gleichen Eigenschaften) implizit die Einheit und damit die Zahl einführte, wodurch sie sich in einem Zirkelschluss verfingen. Wenn wir es nämlich mit endlichen Mengen zu tun haben, sind Kardinalzahlen nicht von Ordinalzahlen zu trennen, und sie sind an folgende drei Bedingungen gebunden:

a) Abstraktion von Qualitäten, wodurch alle singulären Objekte äquivalent werden, sodass 1 = 1 = 1.

b) Die Intervention von Ordnung: 1 → 1 → 1 ..., was notwendig ist, um die Objekte voneinander zu unterscheiden – sonst würde 1 + 1 = 1 gelten.

c) Die Inklusion von (1) in (1 + 1), dann von (1 + 1) in (1 + 1 + 1) usw.

Die ganzen Zahlen resultieren also aus der Synthese von Ordnung (Reihenbildung) und Inklusion oder verschachtelten Mengen (Klassifikation), welche durch die Abstraktion von Qualitäten notwendig wird. Infolgedessen werden die ganzen Zahlen aus rein logischen Elementen (Reihenbildung und Klassifikation) aufgebaut, aber sie werden zu einer neuen Synthese geordnet, deren Quantifizierung durch Iteration ermöglicht wird: 1 + 1 = 2 usw.

Entsprechend impliziert die Messung in einem Kontinuum (z.B. einer Linie, einer Fläche) *(a)* seine Unterteilung in Segmente, von denen eines als Einheit gewählt und durch Kongruenz mit anderen äquivalent gemacht wird a = a = a ..., *(b)* seine Translation in eine bestimmte Ordnung: a → a → a usw., um eine Kongruenz mit anderen herzustellen, und *(c)* die additive Komposition der Einheiten, wobei a in (a + a) und (a + a) in (a + a + a) eingesetzt wird. Diese Synthese von Unterteilung in verschachtelte Segmente und von Ordnung bei den Translationen der Einheit ist also isomorph mit der Synthese von Ordnung und Inklusion, welche die Zahl kennzeichnet. Dadurch wird es möglich, Zahlen auf Messungen anzuwenden.

So ist offenkundig, dass das Subjekt ohne ein anderes Hilfsmittel als die Synthese elementarer »Gruppierungen« von Inklusions- oder Ordnungsrelationen eine numerische oder metrische Quantifizierung erreicht, die weit leistungsfähiger ist als die elementare Quantifizierung (Relationen zwischen Teil und Ganzem) der Klassenextension oder der Reihenbildung auf der Basis von Unterschieden, die einfach mit »mehr« oder »weniger« bewertet werden.

28.

Nach den konkret-operatorischen Strukturen, von denen in Abschnitt 23 die Rede war, werden im Alter zwischen 11 und 15 Jahren zwei weitere neue Strukturen aufgebaut, die die Handhabung aussagenlogischer Operationen, wie Implikation ($p \supset q$), Inkompatibilität ($p \mid q$), Disjunktion ($p \vee q$) usw., ermöglichen. Diese beiden neuen Strukturen sind die Vierergruppe und die kombinatorischen Operationen. Die kombinatorische Tätigkeit dieses Stadiums besteht in der Klassifizierung aller möglichen Klassifikationen (genauso wie Permutationen eine Seriation von Seriationen sind) *aa, ab, ac, bc, bb, cc* usw., weshalb dies keine vollkommen neue Operation darstellt, sondern eine, die auf andere Operationen angewendet wird. Entsprechend ergibt sich die Vierergruppe INCR daraus, dass die Inversionen *N* und die Reziprozitäten *R* zu einem Ganzen verbunden werden (wodurch sich sowohl das Inverse des Reziproken NR = C ergibt als auch die Identitätsoperation I = NCR). Inversion liegt aber bereits in den Klassengruppierungen in der Form A – A = 0 vor, während sich Reziprozität in der Form A = B und folglich B = A in den Relationsgruppierungen findet. Also auch die INCR-Gruppe ist eine operatorische Struktur, die auf frühere Strukturen einwirkt. Die aussagenlogischen Operationen: p ⊃ q usw., zu der sowohl kombinatorische Tätigkeit wie auch die INCR-Gruppe gehören, sind neu in der Form, haben aber inhaltlich mit Verbindungen zwischen Klassen, Relationen, Zahlen usw. zu tun und sind insofern abermals Operationen, die an Operationen vorgenommen werden.

Im Allgemeinen haben die Operationen der dritten Entwicklungsperiode (vgl. Abschnitt 10, Periode *c*: elf bis zwölf Jahre) ihren Ursprung in den konkreten Operationen (Teilperiode *b II*: zwischen sieben und elf Jahren), die sie ausbauen, genauso wie die Wurzel der konkreten Operationen die sensomotorischen Pläne (Periode *a*: bis ungefähr zwei Jahre) sind, die sie beträchtlich modifizieren und ausbauen. Der sequenzielle Charakter der Stadien (auf den wir in Abschnitt 10 ausführlich eingegangen sind) entspricht also unter dem Blickwinkel des Aufbaus von Strukturen einem Mechanismus, den wir jetzt näher analysieren müssen, weil er für uns zu wichtig ist, um ihn bloß einen sequenziellen oder fortschreitenden Äquilibrationsprozess zu nennen. Es bleibt nämlich noch zu ermitteln, wie es zu jener Konstruktion kommt, die Neuartigkeit schafft – ein zur Genüge bekanntes Problem in der Entwicklung mathematischer Strukturen.

29.

Wir haben gesehen (Abschnitt 21 *c),* dass wir, bevor sich logisch-mathematische Operationen herausbilden und folglich zu einem deduktiven System werden, von logisch-mathematischen Experimenten sprechen können, die ihre Informationen nicht aus den Objekten selbst, sondern aus den Eigenschaften der auf Objekte gerichteten Handlungen gewinnen, was etwas ganz anderes ist. Wir haben es also im Gegensatz zur einfachen Abstraktion mit einem neuen Abstraktionstypus zu tun, den wir *reflektierende Abstraktion* nennen und der den Schlüssel zu dem Problem des konstruktiven Charakters der Äquilibration durch Selbstregulation darstellt. Um eine Eigenschaft von einer Handlung oder einer Operation zu abstrahieren, genügt es nicht, sie von den Eigenschaften zu trennen, die außer Acht bleiben sollen (z.B. eine Trennung zwischen der »Form«, die behalten, und dem »Inhalt«, der vernachlässigt werden soll); die so behaltene Eigenschaft oder Form muss zusätzlich irgendwohin übertragen werden, d.h. auf eine andere Ebene der Handlung oder Operation. Im Falle der einfachen Abstraktion stellt sich diese Frage nicht, da wir uns mit der Eigenschaft eines Objekts beschäftigen, das vom Subjekt assimiliert wird. Im Falle reflektierender Abstraktion jedoch muss das Subjekt, wenn es eine Eigenschaft oder eine Form aus Handlungen oder Operationen auf einer Ebene E_1 gewinnt, sie anschließend auf eine höhere Ebene E_2 übertragen; wir haben es also mit einer Reflexion in quasiphysikalischem Sinne zu tun (vergleichbar etwa der Reflexion eines Lichtstrahls). Doch damit diese Form oder Eigenschaft auf der neuen Ebene E_2 assimiliert werden kann, muss sie dort rekonstruiert und einem neuen Denkprozess unterworfen werden; das ist dann »Reflexion« im kognitiven Sinne.

Aber wenn eine kognitive Verarbeitung auf der Ebene E_2 notwendig ist, um die von Ebene E_1 abstrahierten Eigenschaften oder Formen zu assimilieren, heißt das, dass zu den Operationen oder Handlungen von Ebene E_1, aus denen die erforderliche Information abstrahiert wurde, neue Operationen und Handlungen hinzutreten. Infolgedessen ist reflektierende Abstraktion notwendigerweise *konstruktiv* und *bereichert* die von Ebene E_1 bezogenen Strukturen um neue Elemente, was letztlich heißt, dass sie neue Strukturen konstruiert. Das erklärt, warum die konkreten Operationen, die auf sensomotorischen Plänen aufbauen, reichhaltiger als diese sind und warum Gleiches für die aussagenlogischen oder formalen Operationen gilt, die auf konkreten Operationen aufbauen. Als Operationen, die *an* Operationen vorgenommen werden, fügen sie neue Modi der Komposition (kombinatorische usw.) hinzu.

Reflektierende Abstraktion ist der allgemeine Konstruktionsprozess in der Mathematik. Sie hat beispielsweise dazu gedient, die Algebra als eine Reihe von Operationen, die auf Operationen einwirken, aus der Arithmetik zu entwickeln. Ebenso hat G. Cantor die transfinite Arithmetik entwickelt, indem er die Sequenz 1, 2, 3, 4, … mit der Sequenz 2, 4, 6, 8, … in eine eineindeutige Zuordnung brachte. Das erzeugte eine neue Zahl (aleph null), die die »Mächtigkeit des Abzählbaren« zum Ausdruck bringt, aber kein Element einer der beiden Sequenzen ist. In gleicher Weise werden in der heutigen Funktionentheorie »Morphismen«, »Kategorien« usw. konstruiert – was auch für die »Mutterstrukturen« und ihre Ableitungen im System der Bourbaki-Gruppe gilt.

Es ist also ein bemerkenswerter Tatbestand, dass der Prozess des Aufbaus von Strukturen – zu beobachten in den sequenziellen Entwicklungsstadien von Kindern und in den Mechanismen der Äquilibration durch Selbstregulation (zu der es durch Feedback höherer Ordnung, eine reversible Operation, kommt) – dem beständigen Konstruktionsprozess entspricht, dessen sich die Mathematik in ihrer grenzenlos fruchtbaren Entwicklung durchgehend bedient. Damit wird Entwicklung weder auf den empirischen Prozess der Entdeckung einer »vorgefertigten« äußeren Wirklichkeit reduziert noch auf einen Prozess der Präformation oder Prädetermination (Apriorismus), was ebenfalls auf die Überzeugung hinausliefe, dass alles von Beginn an vorgefertigt sei. Wir glauben, dass die Wahrheit zwischen diesen beiden Extremen liegt, d.h. in einem Konstruktivismus, der die Art und Weise bezeichnet, in der unaufhörlich neue Strukturen aufgebaut werden.

IX.
Von der Psychologie zur genetischen Erkenntnistheorie

30.

Die dargelegte Theorie ist notwendigerweise interdisziplinär und umfasst neben psychologischen Elementen solche der Biologie, Soziologie, Linguistik, Logik und Erkenntnistheorie.

Die Beziehungen zur Biologie liegen auf der Hand, da die Entwicklung der kognitiven Funktionen ein Teil der Epigenese ist, welche von den ersten embryonalen Stadien zum Erwachsenen-Zustand reicht. Aus der Biologie haben wir im Wesentlichen die drei folgenden Punkte übernommen:

a) Es kann zu keiner Transformation des Organismus oder des Verhaltens ohne endogene Organisationsfaktoren kommen, weil der Phänotyp – obschon in Wechselwirkung mit der Umwelt aufgebaut – eine »Reaktion« des Genoms auf Umwelt-»Stress« darstellt (oder eine Reaktion des Genpools der Gesamtpopulation, da das individuelle Genom nur ein Querschnitt des Genpools ist).

b) Umgekehrt gibt es keine epigenetische oder phänotypische Transformation unabhängig von der Interaktion mit Umwelteinflüssen.

c) Zu diesen Interaktionen gehören ständige Äquilibrations- oder Selbstregulationsprozesse, für die das Gleichgewicht zwischen Assimilation und Akkommodation ein frühes Beispiel ist. Das zeigt sich auch in sensomotorischen, repräsentativen und präoperatorischen Selbstregulationen, ja sogar bei den Operationen selbst, da sie antizipatorische Selbstregulationen und Fehlerkorrekturen sind, die nicht mehr auf das Feed-back von einem Fehler angewiesen sind, der bereits begangen ist.

Auch die Beziehungen zur Soziologie liegen auf der Hand, denn wenn auch der Ursprung der kognitiven Strukturen in den allgemeinen Handlungskoordinationen zu finden ist, so sind sie doch ebenso interpersonal oder sozial wie individuell, da die Koordination der Handlungen von Individuen den gleichen Gesetzen wie die intraindividuelle Koordination gehorcht. Dies gilt nicht für soziale Prozesse, die auf Zwang oder Autorität beruhen und zu einem Soziozentrismus führen, der eng mit dem Egozentrismus verwandt ist. Es gilt aber sehr wohl für Kooperationssituationen, die im Wortsinne tatsächlich »Ko-Operationen« sind. Einer der grundlegenden Kognitionsprozesse ist die Dezentrierung hinsichtlich subjektiver Täuschung (vgl. Abschnitt 8), und dieser Prozess hat ebenso viele soziale oder interpersonale Dimensionen wie rationale.

Die Beziehungen zur Linguistik wären kaum erwähnenswert, wenn diese Disziplin noch Positionen wie die Bloomfield'sche mit ihrem naiven Antimentalismus verteidigen würde. Aber wir können – nach der Formulierung von G.A. Miller – eine Position des »subjektiven Behaviorismus« beziehen, und im engeren Bereich der Linguistik sind die gegenwärtigen Arbeiten von N. Chomsky und seiner Gruppe zur Transformationsgrammatik nicht sehr weit von unseren eigenen Perspektiven zur operatorischen Struktur und unserem psychogenetischen Konstruktivismus entfernt. Aber Chomsky glaubt an die angeborene Basis seiner linguistischen Strukturen, während es sich wahrscheinlich zeigen lassen wird, dass die notwendigen und hinreichenden Bedingungen für die Konstruktion der Basiseinheiten, auf denen die linguistischen Strukturen beruhen, durch die Entwicklung der sensomotorischen Pläne erfüllt werden (an genau dieser Frage arbeitet H. Sinclair).

Die Beziehungen zur Logik sind komplexer. Die moderne symbolische Logik ist eine »Logik ohne Subjekt«, während es aus psychologischer Sicht »kein Subjekt ohne Logik« gibt. Die Logik des Subjekts ist gewiss bescheiden, und vor allem die Strukturen der Gruppierung sind von geringem algebraischen Interesse, wenn man davon absieht, dass verwandte elementare Strukturen das Interesse des Mathematikers zu erregen scheinen. Wir müssen in diesem Zusammenhang allerdings anmerken, dass uns die Untersuchung der Logik des Subjekts ermöglichte, die Gesetze der Vierergruppe aussagenlogischer Transformationen INCR zu formulieren, noch bevor sich die Logiker selbst mit dieser Frage zu beschäftigen begannen. Andererseits werden die durch den Gödel'schen Beweis angeregten Arbeiten über die Grenzen der Formalisierung die Logik mehr oder minder zwangsläufig zu einer Art von Konstruktivismus führen, sodass in diesem Licht die Parallele zur psychogenetischen Konstruktion ein gewisses Interesse gewinnt. Allgemein gesehen, ist Logik ein axiomatisches System, und in unserem Zusammenhang müssen wir fragen: Eine Axiomatisierung wovon? Sie ist gewiss keine Axiomatisierung der bewussten Denkprozesse des Subjekts, weil diese inkonsistent und unvollständig sind. Aber hinter dem bewussten Denken verbergen sich die »natürlichen« operatorischen Strukturen, und es ist offensichtlich, dass sie, obgleich die logische Axiomatisierung sie unendlich überschreitet (da die Produktivität der Axiomatik keine formale Grenze kennt), durch einen Prozess »reflektierender Abstraktion« zur Grundlage dieser Axiomatisierung werden.

31.

Schließlich bleibt das große Problem der Beziehungen zwischen der Theorie der Entwicklung der kognitiven Funktionen und der Erkenntnistheorie. Wenn man statt eines psychogenetischen einen statischen Standpunkt einnimmt und beispielsweise die Intelligenz eines Erwachsenen oder von Versuchspersonen auf einer einzelnen Entwicklungsstufe untersucht, lassen sich psychologische Probleme (wie Intelligenz funktioniert oder was sie leistet) ohne Schwierigkeit von erkenntnistheoretischen Problemen unterscheiden (welche Beziehungen zwischen Subjekt und Objekt vorliegen und ob die Erkenntnis des Ersteren adäquaten Zugang zu Letzterem verschafft). Aber wenn man einen psychogenetischen Standpunkt einnimmt, stellt sich die Situation vollkommen anders dar, weil man dann mit der Ausbildung oder Entwicklung von Erkenntnis zu tun hat und es wesentlich darauf ankommt, die Rolle der Objekte oder der Tätigkeiten des Subjekts in Betracht zu ziehen – also jene Fragen, die notwendig alle erkenntnistheoretischen Probleme aufwerfen. Wer nämlich die Ausbildung von Erkenntnis ausschließlich der Erfahrung – im Sinne von dinglicher Erfahrung – zuschreibt, wird sich an einer vollkommen anderen Erkenntnistheorie ausrichten als jemand, der die Tätigkeiten des Subjekts im Sinne einer notwendigen Organisation einbezieht. Wenn man (wie wir in Abschnitt 21) zwischen zwei Arten von Erfahrung unterscheidet – einer von den Objekten ausgehenden dinglichen und einer auf reflektierender Abstraktion basierenden logisch-mathematischen Erfahrung –, so nimmt man eine psychologische Analyse vor, und zwar mit eindeutigen erkenntnistheoretischen Konsequenzen.

Es gibt Autoren, die die Verwobenheit von genetischer Psychologie und Erkenntnistheorie außer Acht lassen, was aber nur beweist, dass sie sich für eine Erkenntnistheorie unter anderen möglichen entscheiden und dass sie meinen, ihre Erkenntnistheorie verstehe sich von selbst. Wenn J. Bruner zum Beispiel versucht, Erhaltungen mit Hilfe von Identitäten und Symbolisierungen zu erklären, die auf Sprache und Vorstellung basieren, und so meint, »Operation« und jede Form von Erkenntnistheorie vermeiden zu können, bezieht er in Wahrheit nur den Standpunkt einer empiristischen Erkenntnistheorie. Gleichzeitig beruft er sich auf eine Identitätsoperation, ohne zu bemerken, dass sie andere impliziert. Wenn wir dagegen Erhaltungen eher mit Operationen erklären und davon ausgehen, dass Quantitäten eine komplexe Konstruktion und nicht bloß eine Wahrnehmungstätigkeit verlangen, bewegen wir uns *de facto* vom Empirismus in Richtung des Konstruktivismus, der eine andere Form von Erkenntnistheorie ist; zudem steht dieser Ansatz gegenwärtigen biologischen Trends sehr viel näher, welche die Notwendigkeit konstruktiver Selbstregulation unterstreichen.

Wenn wir uns jetzt der erkenntnistheoretischen Seite zuwenden, so können wir feststellen, dass auch *ihre* Trends erhebliche Unterschiede aufweisen, je nachdem ob sie einen statischen oder einen historischen und genetischen Standpunkt wählt, wie es ihrer natürlichen inneren Tendenz entspricht. Wenn sich die Erkenntnistheorie einfach die Frage stellt, was Erkenntnis im Allgemeinen sei, so glaubt sie in der Lage zu sein, Abstraktionen ohne Rückgriff auf die Psychologie vornehmen zu können, weil sich das Subjekt, wenn die Erkenntnis geleistet ist, tatsächlich vom Schauplatz zurückzieht. In Wahrheit ist das jedoch eine große Illusion, da jede Erkenntnistheorie, selbst wenn sie bemüht ist, die Tätigkeiten des Subjekts auf ein *Minimum* einzuschränken, implizit auf psychologische Interpretationen zurückgreift. So versucht zum Beispiel der logische Empirismus, dingliche Erkenntnis auf Wahrnehmungszustände und logisch-mathematische Erkenntnis auf eine Idealsprache zu reduzieren (mit eigener Syntax, Semantik und Pragmatik, jedoch ohne Bezug zu Transformationshandlungen). Nun stehen aber diese beiden Hypothesen in außerordentlichem Widerspruch zueinander, erstens weil dingliche Erfahrung auf Handlungen, nicht nur auf Wahrnehmungen beruht und stets ein logisch-mathematisches Bezugssystem voraussetzt, das aus der allgemeinen Handlungskoordination gewonnen wird (derart, dass der Operationalismus von P. W. Bridgman durch den von Piaget ergänzt werden muss!). Zweitens ist logisch-mathematische Erkenntnis nicht tautologisch, sondern konstituiert eine strukturelle Organisation, die aus der reflektierenden Abstraktion der allgemeinen Koordination zwischen unseren Handlungen und unseren Operationen gewonnen wird.

Aber Erkenntnistheorie kann – was am wichtigsten ist – unmöglich einen statischen Standpunkt einnehmen, weil alle wissenschaftliche Erkenntnis sich in ständiger Entwicklung befindet, auch die Mathematik und die Logik selbst (deren konstruktivistischer Aspekt nicht mehr zu übersehen ist, seit die Theoreme von K. Gödel gezeigt haben, dass eine Theorie nicht in sich abgeschlossen und unableitbar sein kann – und dass es deshalb notwendig ist, stets »stimmigere« zu konstruieren; woraus sich schließlich die unvermeidlichen Grenzen einer Formalisierung ergeben!). P. Natorp hat es so formuliert: »... Wissenschaft entwickelt sich unaufhörlich ... Der Fortgang, die *Methode* ist alles ... Also darf das ›Faktum‹ der Wissenschaft nur als ›Fieri‹ verstanden werden ... Das Fieri allein ist das Faktum: alles Sein, das die Wissenschaft ›festzustellen‹ sucht, muss sich in den Strom des Werdens wieder lösen. Von diesem Werden aber, zuletzt nur von ihm, darf gesagt werden: es *ist.*« Was also gesucht werden kann und muss, ist »das Gesetz dieses ganzen Prozesses«.

32.

Diese unbestreitbaren Feststellungen sind gleichbedeutend mit dem Prinzip unserer »genetischen Erkenntnistheorie«, das besagt, um die Frage zu beantworten, was Erkenntnis (oder die Vielfalt ihrer Erscheinungsformen) sei, müsse man sie wie folgt formulieren: Wie wächst Erkenntnis? Dank welches Prozesses gelingt der Übergang von einer Form der Erkenntnis, die letztlich (vom Standpunkt der Wissenschaft aus betrachtet) als unzureichend beurteilt werden muss, zu einer Form von Erkenntnis, die als besser gilt? Diesen Punkt haben die Vertreter der historisch-kritischen Methode sehr gut verstanden (vgl. unter anderem die Arbeiten von A. Koyré und Th. S. Kuhn). Um die erkenntnistheoretische Natur eines Begriffs oder einer Struktur zu verstehen, betrachten diese Kritiker zuerst, wie sie entstanden sind.

Wenn man statt eines statischen einen dynamischen Standpunkt einnimmt, lässt sich unter keinen Umständen die traditionelle Schranke zwischen Erkenntnistheorie und Psychogenese kognitiver Funktionen aufrechterhalten. Wenn Erkenntnistheorie als die Untersuchung des Aufbaus gültiger Erkenntnis definiert wird, so setzt das Fragen der Validität voraus, welche von der Logik und von einzelnen Wissenschaften abhängen, aber auch Fragen nach Fakten, weil das Problem nicht nur formaler, sondern ebenso sehr realer Natur ist: Wie ist Wissenschaft *real* möglich? Deshalb ist jede Erkenntnistheorie gezwungen, von psychologischen Voraussetzungen auszugehen, was gleichermaßen für den logischen Positivismus (Wahrnehmung und Sprache) wie für Plato (Erinnerung) oder E. Husserl (Intuition, Intentionen, Bedeutungen usw.) gilt. Die einzige Frage ist, ob man sich besser mit einer spekulativen Psychologie zufrieden gibt oder ob es nützlicher ist, sich an eine verifizierbare Psychologie zu halten.

Deshalb haben wir, als alle unsere Bemühungen zu erkenntnistheoretischen Schlussfolgerungen führten (was im Übrigen auch ihr ursprüngliches Ziel war), ein Internationales Zentrum für Genetische Epistemologie gegründet, in dem, je nach den zur Untersuchung anstehenden Problemen, Psychologen, Logiker, Kybernetiker, Erkenntnistheoretiker, Linguisten, Mathematiker, Physiker usw. zusammenarbeiten. So hatte dieses Zentrum, das bereits mehr als 20 Bände veröffentlicht hat (und weitere vorbereitet), von Anfang an das Ziel, eine bestimmte Anzahl von erkenntnistheoretischen Problemen zu untersuchen, wobei der Versuch gemacht werden sollte, die psychologischen Daten experimentell zu analysieren, die für die anderen Aspekte des jeweiligen Problems notwendig sind.

Wir haben also die Wechselbeziehungen logischer Strukturen unter einem doppelten Blickwinkel untersucht: einmal unter dem ihrer psychischen Genese, zum anderen unter dem ihrer formalen Genealogie (mit J.-B. Grize, S. Papert, L. Apostel usw.), wobei wir eine gewisse Konvergenz der beiden Methoden entdecken konnten. Wir haben uns mit dem Problem befasst, das der große Logiker W. v. O. Quine ironisch das »Dogma« des logischen Empirismus genannt hat, d.h. die absolute Trennung zwischen Analytischem und Synthetischem: Nachdem wir zu der Überzeugung gekommen waren, dass alle Autoren, die sich mit dieser Frage beschäftigten, auf *faktische* Daten rekurrierten, haben wir sie experimenteller Kontrolle unterworfen und konnten feststellen, dass zwischen diesen beiden Beziehungsarten, die zu Unrecht für nicht weiter reduzierbar gehalten werden, zahlreiche Zwischenstufen liegen.

Wir haben uns auch mit dem Problem befasst, wie sich die Begriffe von Zahl, Raum, Zeit, Geschwindigkeit, Funktion, Identität usw. entwickeln, und konnten für alle diese Fragen neue psychogenetische Daten beibringen, während wir von ihrer Betrachtung alle erkenntnistheoretischen Schlussfolgerungen fern hielten, die vom Apriorismus ebenso weit entfernt waren wie vom Empirismus, und stattdessen einen systematischen Konstruktivismus vorschlugen. Hinsichtlich des Empirismus haben wir vor allem die Bedingungen für eine angemessene Interpretation der Erfahrung analysiert, und wir kamen zu dem Ergebnis, das ein Mathematiker und ein Philosoph folgendermaßen zusammengefasst hat: »Die empirische Untersuchung der Erfahrung widerlegt den Empirismus!« (Wir haben oben in Abschnitt 14 einige unserer Studien über die Rolle des Lernens erläutert.)

Zusammengefasst: Die psychologische Theorie der Entwicklung kognitiver Funktionen scheint zu bestätigen, dass es eine unmittelbare und recht enge Beziehung zwischen einerseits biologischen Konzepten von Interaktionen zwischen endogenen Faktoren und der Umwelt und andererseits erkenntnistheoretischen Konzepten notwendiger Interaktionen zwischen dem Subjekt und den Objekten gibt. Die Synthese der Konzepte von Struktur und Genese, die die psychogenetische Forschung bestimmt, findet ihre Rechtfertigung in den biologischen Konzepten von Selbstregulation und Organisation und nähert sich einem erkenntnistheoretischen Konstruktivismus an, der auf der Linie aller gegenwärtigen wissenschaftlichen Forschungen zu liegen scheint – vor allem jener Arbeiten, welche die Übereinstimmung zwischen logisch-mathematischen Konstruktionen und dinglicher Erfahrung betreffen.

Anmerkungen

Im englischen Text, der dieser deutschen Ausgabe zugrunde liegt, sind einige Anmerkungen enthalten, die zum Teil von Piaget selbst stammen, zum Teil von den Übersetzern G. Cellérier und J. Langer hinzugefügt worden sind. Außerdem wird auf einige Literaturtitel verwiesen. Darüber hinaus schien es ratsam, der deutschen Ausgabe weitere Anmerkungen beizugeben, um Namen, Begriffe und Sachverhalte zu erläutern, die über den üblichen und hier als allgemein bekannt vorausgesetzten Rahmen der Erkenntnistheorie und (Entwicklungs-)Psychologie hinausgehen; ferner wird an wichtigen Stellen auf weitere Veröffentlichungen Piagets verwiesen, die das Gemeinte ausführen und vertiefen. Damit aber der Anmerkungsteil kein Eigengewicht gegenüber dem Text erhält, ist er im Ganzen begrenzt gehalten worden. – Die Herkunft der Anmerkungen (ob von Piaget, den amerikanischen Übersetzern oder dem Herausgeber der deutschen Ausgabe) geht jeweils aus dem Textzusammenhang hervor. Die Zählung der Anmerkungen folgt den insgesamt 32 Abschnitten des Textes.

Vorbemerkung

Epigenese, epigenetisches System: Meint die Entwicklung (des Embryos oder der Lebewesen überhaupt) durch eine Kette von aufeinander folgenden Neubildungen. Diese Auffassung – auch *Postformationstheorie* genannt – wendet sich gegen die *Präformationstheorie*, nach der alle Entwicklung vorherbestimmt ist und nur eine Entfaltung eines erblich vorgefertigten Programms darstellt. Vgl. auch Piagets nähere Ausführungen dazu in den Abschnitten 9 und 30; sowie J. Piaget: *Biologische Anpassung und Psychologie der Intelligenz.* Stuttgart 1975, bes. S. 16 bis 25; J. Piaget: *Biologie und Erkenntnis. Über die Beziehungen zwischen organischen Regulationen und kognitiven Prozessen.* Frankfurt a.M. 1974, bes. S. 14–27.

1.

Clark Leonhard Hull: Amerikanischer Psychologe (1884–1952), führender Vertreter des Behaviorismus. Vgl. auch Piagets ausführlichere Auseinandersetzung mit Hull in Abschnitt 13.

James Mark Baldwin: Amerikanischer Psychologe (1861–1934), einer der Begründer der Entwicklungspsychologie; befasste sich hauptsächlich mit der geistigen Entwicklung des Kindes und individuellen Unterschieden. Siehe auch J. Piaget: »Baldwin und die organische Selektion«. In: J. Piaget: *Das Verhalten – Triebkraft der Evolution.* Salzburg 1980, S. 26–31.

2.

Plan: Dieser Begriff (französisch *schème*; englisch *scheme*) ist nicht zu verwechseln mit *Schema* (französisch *schéma*; englisch *schema*), obwohl frühere Übersetzungen manchmal keinen Unterschied zwischen beiden Begriffen machten. Hierzu fügen die amerikanischen Übersetzer folgende Anmerkung hinzu: Hier und im Folgenden dient der Terminus *Plan (schème)* zur Bezeichnung *operatorischer* Tätigkeiten, während *Schema (schéma)* die *figurativen* Aspekte des Denkens meint – den Versuch, Wirklichkeit zu repräsentieren, ohne das Bestreben, sie zu transformieren (Vorstellung, Wahrnehmung und Gedächtnis). Weiter unten (in Abschnitt 19) sagt Piaget: »... Vorstellungen sind ..., so schematisch sie auch sein mögen, keine Pläne ... Wir werden deshalb den Begriff ›Schemata‹ benutzen, um sie zu bezeichnen. Ein Schema ist eine vereinfachte Vorstellung (z.B. die Lagekarte einer Stadt), während ein Plan repräsentiert, was sich in einer Handlung wiederholen und generalisieren lässt (beispielsweise ist ein Plan das, was allen Handlungen des ›Stoßens‹ eines Objekts mittels eines Stocks oder irgendeines anderen Instruments gemeinsam ist).«

Translationsgruppe: Begriff aus der Mathematik (Mengenlehre), mit dem die Verlagerung oder Verschiebung *(groupe des déplacements)* von Relationen innerhalb eines Koordinatensystems (oder in ein anderes Koordinatensystem) gemeint ist.

Wolfgang Köhler: Deutscher Psychologe (1887–1967), 1935 in die USA emigriert; einer der Hauptbegründer der Gestaltpsychologie. Siehe auch Piagets Ausführungen in Abschnitt 23. Vgl. ferner J. Piaget: *Der Strukturalismus.* Olten 1973, bes. S. 52–59.

4.

Noam Chomsky: Amerikanischer Linguist (geboren 1928), Professor für Linguistik am Massachusetts Institute of Technology, Begründer der generativen oder Transformationsgrammatik. Siehe auch die Abschnitte 10, 16 und 30 sowie die entsprechende Anmerkung in Abschnitt 10.

5.

Conrad Hal Waddington: Englischer Biologe. – Piaget bezieht sich hier auf die beiden folgenden Werke von Waddington: *The Strategy of the Genes. A Discussion of Some Aspects of Theoretical Biology.* London 1957. – *The Nature of Life.* London 1961. (Deutsch: *Die biologischen Grundlagen des Lebens.* Braunschweig 1966.) – Siehe ferner von Waddington: *New Patterns in Genetics and Development.* New York 1962.

Harry F. Harlow: Amerikanischer Psychologe (1905–1981); besonders durch seine Affenexperimente bekannt geworden, mit denen er u.a. das affektive System und das Bindungsverhalten untersuchte. Im französischen Original nennt Piaget folgende Literaturangabe: H. F. Harlow: »Development of affection in primates«. In: E. L. Bliss (Ed.): *Roots of Behavior.* New York 1962, S.157–166.

(T + I) → AT + E: Im Anschluss an die Erläuterung dieser Gleichung merkt Piaget in einer Fußnote Folgendes an: Nehmen wir beispielsweise an, *T* sei eine bereits an einer Menge von Objekten *O* vollzogene Klassifizierung, welche diese Menge in zwei verschiedene Unterklassen teilt. *I* ist eine Menge neuer Objekte, die der ursprünglichen hinzugefügt und auf die Klassifizierung *T* ausgedehnt werden muss. Wenn dies geschehen ist (wenn *I* an *T* assimiliert ist), stellt sich heraus, dass es – sagen wir – zwei neue Unterklassen gibt (die Gesamtstruktur ist jetzt *AT*) und dass einige Eigenschaften der neuen Objekte *I* (z.B. die Zahl der Elemente in *I* oder ihre Form, Größe oder Farbe) in dem Prozess vernachlässigt worden sind. Wir haben jetzt *T* + *I* → AT + E, wobei *T* = die beiden ursprünglichen Unterklassen, *I* = die neuen Elemente, *AT* = die vier Unterklassen, und E = die irrelevanten Eigenschaften der

neuen Elemente, d.h. die Eigenschaften, die in diesem speziellen Fall nicht als Kriterien für die Klassifizierung verwendet wurden.

6.

Assoziationismus: Von den Philosophen Th. Hobbes und D. Hume begründete, von J. F. Herbart stark geförderte psychologische Richtung, die noch in der zweiten Hälfte des 19. Jahrhunderts führend war; große Nähe zum Sensualismus und Behaviorismus. Verknüpfung zweier oder mehrerer Erlebnisbestandteile – genauer: die Tendenz eines Erlebnisses, früher im Zusammenhang mit ihnen aufgetretene Erlebnisse wieder ins Bewusstsein zu rufen – ist Erklärungsprinzip für den gesamten Aufbau des Seelenlebens.

7.

Spiel: Siehe hierzu ausführlich J. Piaget: *Nachahmung, Spiel und Traum. Die Entwicklung der Symbolfunktion beim Kinde.* Stuttgart 1975. – Die amerikanischen Übersetzer fügen hier folgende Anmerkung hinzu:
Piaget hat folgende Spielkategorien definiert:
a) Übungsspiele: Sie umfassen alle möglichen Verhaltensweisen ohne neue Strukturierung, aber mit neuer funktionaler Zielsetzung. Wenn beispielsweise die Wiederholung einer Aktion, wie etwa das Hin-und-her-Schwingen eines Objekts, das Ziel hat, die Bewegung zu verstehen oder zu üben, ist sie *kein* Spiel. Das gleiche Verhalten aber wird zum Spiel, wenn sein Ziel Funktionslust ist, Lust an der

Aktivität selbst oder die Freude daran, irgendeine Erscheinung zu »verursachen«. Beispiele dafür sind die Vokalisationen von Säuglingen und die Spiele Erwachsener mit einem neuen Auto, Radio usw.

b) Symbolspiele: Sie bestehen aus Verhaltensweisen mit einer neuen Strukturierung, insofern sie Wirklichkeiten repräsentieren, die außerhalb des augenblicklichen Wahrnehmungsfeldes sind. Beispiele sind die Fiktionsspiele, in denen Kinder Mahlzeiten darstellen mit Steinen, die Brot, und Gräsern, die Gemüse bedeuten, usw. Jedes Kind verwendet hier seine eigenen Symbole.

c) Regelspiele: Sie sind Verhaltensweisen mit einer neuen Strukturierung, an denen mehr als eine Person beteiligt ist. Die Regeln dieser neuen Struktur werden durch soziale Interaktion definiert. Dieser Spieltypus umfasst die ganze Tätigkeitsskala, angefangen bei einfachen sensomotorischen Spielen mit festgelegten Regeln (den vielen Varianten des Murmelspiels beispielsweise) bis hin zu abstrakten Spielen wie Schach. Hier werden die Symbole durch Konvention gefestigt und nehmen in den abstrakten Spielen rein willkürliche Formen an. Das heißt, sie weisen keine Beziehung (Analogie) mehr zu den Dingen auf, die sie repräsentieren.

Jules Henri Poincaré: Französischer Mathematiker und Physiker (1854–1912); vor allem bekannt durch seine Arbeiten über die Grundlagen der Wissenschaften (Unterschied zwischen Theorie und Hypothese) und seine Ansicht, die Mathematik sei eine freie Schöpfung des Geistes, also keine Sammlung von Entdeckungen, wie z.B. in den Naturwissenschaften, sondern vernünftig gesetzte Zeichensysteme zur Darstellung realer Beziehungen.

Bernhard Riemann: Deutscher Mathematiker (1826–1866), Professor in Göttingen; seine Geometrie und Raumtheorie bildete das begriffliche Fundament für Einsteins allgemeine Relativitätstheorie. Riemann führte den Raum als topologische Mannigfaltigkeit von *n* Dimensionen ein und stellte neue – nichteuklidische – Raumtypen auf (elliptische und hyperbolische Geometrie).

9.

Stadien: Piagets Begriff ist *stades* (englisch *stages*). Hiermit bezeichnet er die großen Abschnitte der Entwicklung; für Unterteilungen wählt er auch die Begriffe *Perioden (périodes), Etappen (étapes), Stufen* bzw. *Ebenen (niveaux)*. Auch in der Kennzeichnung der Freud'schen Entwicklungstheorie verwendet er den Stadienbegriff, obwohl sich allgemein eher *Phasen* eingebürgert hat.

Arnold Gesell: Amerikanischer Kinderpsychologe und Kinderarzt (1880–1961), Hauptvertreter derjenigen Entwicklungspsychologie, die in der Reifung die Basis und den Motor der gesamten menschlichen Entwicklung sieht.

Epigenese: Siehe Anmerkung zur *Vorbemerkung*.

Genom: Der einfache Chromosomensatz einer Zelle.

C.H. Waddington: Siehe Anmerkung zu Abschnitt 5.

Kreoden: Offenbar ein von Waddington geprägter Begriff, der aber, soweit zu sehen ist, keinen allgemeinen Eingang in die biologische Fachterminologie gefunden hat (jedenfalls wird er in den einschlägigen Lexika und Handbüchern nicht verzeichnet). – Piaget befasst sich in seinem Buch *Biologie und Erkenntnis. Über die Beziehungen zwischen organischen Regulationen und kognitiven Prozessen* (Frankfurt a.M. 1974) ausführlicher mit diesem Begriff und gibt dazu folgende Erläuterung (in § 2, III): »Versucht man, ... die Entwicklung der wichtigsten Begriffe oder

der einzelnen operatorischen Strukturen getrennt zu betrachten, so lassen sich für jeden dieser Entwicklungsgänge spezifische Stadien mit den gleichen sequenziellen Prozessen aufzeigen. Das Interessante daran ist, dass wir hier mit unterschiedlichen Wegen konfrontiert werden, von denen jedoch jeder verhältnismäßig regelmäßig verläuft und seiner eigenen Bahn folgt, dabei aber in vielfältigen Interaktionen mit den anderen steht.
Waddington hat die Bezeichnung ›Kreoden‹ (= notwendige Wege) zur Charakterisierung dieser einzelnen Entwicklungsabläufe eines Organs oder eines Embryoteils vorgeschlagen. Epigenetisches System (oder auch epigenetische ›Landschaft‹) nennt er die Gesamtheit der mehr oder weniger tief gebahnt oder gut kanalisiert gedachten Kreoden.« (S. 19f.)

Homöorhese: Das Fließgleichgewicht in einem Organismus. Auch diesen Begriff hat Piaget von Waddington übernommen; er steht in engem Zusammenhang mit dem Begriff der Kreode. Piaget führt dazu in *Biologie und Erkenntnis* (Frankfurt 1974) in § 2, III Folgendes aus: »›Homöorhese‹ ist gegeben, wenn der unter äußeren Einflüssen von seiner Bahn abgewichene Entwicklungsprozess kompensatorisch in sie zurückgezwungen wird. Für Waddington hängt ein solcher Mechanismus mehr von einem Netz von Interaktionen ab als von der Wirkung individueller Gene: eine einzelne Gengruppe ist selbst nicht homöorhetisch. Die Rückkehr zur normalen Bahn oder Kreode setzt daher ein komplexes Spiel von Regulationen voraus ... Die Differenzierung der Kreoden ist in Zeit und Raum geregelt, und die verschiedenen Bahnen sind, ebenso wie die ihr homöorhetisches Gleichgewicht gewährleistenden Selbstkorrekturen, einer zeitlichen Kontrolle (›time-tally‹) unterworfen, die wir als eine Regulierung der Assimilations- und der Organisationsgeschwindigkeit bezeichnen möchten. Erst am Ende der Entwicklung oder jeder Strukturbildung weicht dann die Homöorhese einer Homöostase oder einem funktionellen Gleichgewicht.« (S. 20; siehe auch § 2, V: »Homöorhese und Homöostase«)

10.

INCR-Gruppe: Siehe ausführlicher in Abschnitt 28 und die Anmerkung dazu.

Anzeichen/Signale und *Symbole/Zeichen:* Siehe ausführlicher in Abschnitt 16. Die amerikanischen Übersetzer fügen hier folgende Anmerkung hinzu: Es geht darum, dass während des sensomotorischen Stadiums bereits symbolische Manipulation, d.h. Speicherung und Verarbeitung, an den Anzeichen und Signalen vorgenommen wird. Folglich kann das Fehlen von Sprache nicht auf den Mangel an solchen Funktionen zurückzuführen sein, und Konditionierung (klassische oder operante) müsste zumindest auf der Input-Seite möglich sein. In diesem Stadium kann das Kind Laute diskriminieren, und es sollte fähig sein, auf rein assoziativer Basis verbal oder anders auf phonetischen Input selektiv zu reagieren. Es wird behauptet, dies sei über eine endliche (und sehr begrenzte) Input-Menge hinaus unmöglich, da die wichtigste linguistische Struktur (Monoid) fehle, mit deren Hilfe sich Regeln erzeugen und speichern ließen – die Voraussetzung für die Analyse und Erkennung einer unbegrenzten Zahl geordneter Lautketten.

Transformationsgrammatik: Eine grammatische Lehre, die eine große Anzahl von Mustersätzen (Strukturen) durch Umformung (Transformation) nach bestimmten Regeln vereinfacht. Wichtigster Vertreter ist Noam Chomsky, auf dessen beide Hauptwerke sich Piaget hier bezieht: *Syntactic Structures.* The Hague 1957. (Deutsch: *Strukturen der Syntax.* Frankfurt 1973.) – *Aspects of the Theory of Syntax.* Cambridge, Mass. 1965. (Deutsch: *Aspekte der Syntax-Theorie.* Frankfurt 1969.) Ferner N. Chomsky: »Review of B. F. Skinner«. In: *Verbal Behavior in Language* 35 (1959), S. 26–58. – Zur Auseinandersetzung zwischen Piaget und Chomsky siehe besonders: M. Piatelli-Palmarini (Ed.): *Language and Learning. The Debate between Jean Piaget and Noam Chomsky.* London 1980.

11.

Eineindeutige Zuordnung: Begriff aus der Mengenlehre, der eine Zuordnung zweier Elemente zueinander in wechselseitiger Beziehung meint.

12.

Jerome S. Bruner: The Process of Education. Cambridge, Mass. 1960. (Deutsch: *Der Prozess der Erziehung.* Düsseldorf 1970.) – Aus diesem Werk stammt der oft, auch hier zitierte Satz, dass man mit der richtigen Methode jedem Kind jeden Alters jeden Lehrinhalt beibringen könne.

H. Gruber: Diese Arbeiten sind im Text nicht bibliografisch nachgewiesen. Im französischen Original beruft sich Piaget auf eine »persönliche Mitteilung«.

13.

Daniel E. Berlyne: »Les équivalences psychologiques et les notions quantitatives«. In: D. E. Berlyne/J. Piaget: *Théorie du comportement et opération* (Études d'épistémologie génétique, Bd. XII.) Paris 1960. Vgl. auch von D. E. Berlyne: *Konflikt, Erregung, Neugier. Zur Psychologie der kognitiven Motivation.* Stuttgart 1979.

Kontinuumshypothese: Von dem Mathematiker und Begründer der Mengenlehre Georg Cantor aufgestellte, bisher nie bestätigte, aber auch nicht widerlegte Hypothese, dass die Kardinalzahl des so genannten Kontinuums (= der reellen Zahlen) gleich einer Kardinalzahl ist, die aus den Ordnungszahlen gewonnen ist (jede unendliche Menge besitzt eine abzählbar unendliche Teilmenge).

14.

Internationales Zentrum für Genetische Epistemologie: Von Piaget im Jahre 1956 gegründetes interdisziplinäres Zentrum zur Erforschung der Erkenntnisentwicklung. Da die in diesem Zentrum entstehenden Veröffentlichungen großenteils in Zusammenarbeit mit vielen Kollegen aus anderen wissenschaftlichen Disziplinen verfasst sind, spricht Piaget in seiner Autobiographie (Literaturangabe in der *Einführung*) auch davon, dass mit der Gründung des Zentrums seine Autobiographie in eine »Symbiographie« übergehe. So erklärt sich auch der Gebrauch von »wir« und »unser« im vorliegenden Text, was sicher kein *Pluralis Majestatis* ist.

P. Gréco: »L'apprentissage dans une situation à structure

opératoire concrète: les inversions successives de l'ordre linéaire par des rotations de 180°«. In: P. Gréco/J. Piaget: *Apprentissage et connaissance.* (Études d'épistémologie génétique, Bd. VII.) Paris 1959, S. 68–182.

A. Morf: »Apprentissage d'une structure logique concrète (inclusion): effets et limites«. In: A. Morf/J. Smedslund/T. Vinh-Bang/J. F. Wohlwill: *L'apprentissage des structures logiques.* (Études d'épistémologie génétique, Bd. IX.) Paris 1959, S. 15–83.

J. Smedslund: »Apprentissage des notions de la conversation et de la transitivité du poids«. In: A. Morf/J. Smedslund/T. Vinh-Bang/J. F. Wohlwill: *L'apprentissage des structures logiques.* (Études d'épistémologie génétique, Bd. IX.) Paris 1959, S. 85–124.

G. A. Kohnstamm: »La méthode génétique en psychologie«. In: *Psychologie française* 10 (1956).

M. Laurendeau/A. Pinard: »Réflexion sur l'apprentissage des structures logiques«. In: *Psychologie et épistémologie génétiques. Thèmes piagétiens.* Paris 1966, S. 191–210.

L. Apostel: Les liaisons analytiques et synthétiques dans les comportements du sujet. Zusammen mit W. Mays, A. Morf, J. Piaget und B. Matalon. (Études d'épistémologie génétique, Bd. XV.) Paris 1952. – Ferner: L. Apostel/B. Mandelbrot/J. Piaget: *Logique et équilibre.* (Études d'épistémologie génétique, Bd. II.) Paris 1957.

15.

Bärbel Inhelder: »Développement, régulation et apprentissage.« In: *Psychologie et épistémologie génétiques. Thèmes piagétiens.* Paris 1966, S. 177–188.

B. Inhelder/M. Bovet/H. Sinclair: »Développement et apprentissage«. In: *Revue Suisse de Psychologie Pure et Appliquée* 16 (1967), S. 1–23.

16.

Charles Sanders Peirce: Amerikanischer Philosoph (1839–1914), einer der Hauptvertreter des Pragmatismus. Werke: *Collected Papers.* Vols. 1–8. Hrsg. Von Ch. Hartshorne/P. Weiss. Cambridge, Mass. 1931–1958. – *Schriften zum Pragmatismus und Pragmatizismus.* Hrsg. Von K.-O. Apel. Frankfurt [2]1976.

Ferdinand de Saussure: Schweizer Sprachwissenschaftler (1857–1913), Professor in Genf; leitete eine neue Epoche der Sprachtheorie ein, indem er einen systematischen Zusammenhang zwischen allen Erscheinungen einer Sprache postulierte. Besonders bekannt wurde seine strenge Trennung zwischen der Untersuchung der Sprechakte *(parole)* und der des Sprachsystems *(langue)* sowie zwischen der Sprachbeschreibung und der Sprachgeschichte. Hauptwerk: *Cours de linguistique générale.* Hrsg. Von Ch. Bally/A. Séchehaye. Paris 1916. (Deutsch: *Grundfragen der allgemeinen Sprachwissenschaft.* Berlin [2]1967.)

17.

Jean Piaget: Les mécanismes perceptifs. Modèles probabilistes, analyse génétique, relations avec l'intelligence. Paris 1961. Mit Beiträgen von Vinh-Bang, Gonheim, Noelting, Dadsetan.

Müller-Lyer'sche Täuschung: Nach dem Psychiater und Soziologen Franz Müller-Lyer (1857–1916) benannte optische Täuschung, bei der eine Strecke für größer gehalten wird, wenn sie durch nach außen weisende Winkel abgeteilt wird:

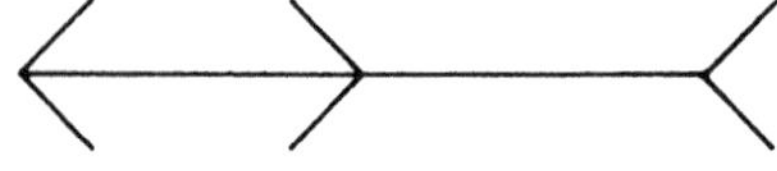

18.

Vorstellungsbilder: Siehe dazu J. Piaget/B. Inhelder: *L'image mentale chez l'enfant.* Paris 1966. (Deutsch: *Die Entwicklung des inneren Bildes beim Kind.* Frankfurt 1978.)

19.

Gedächtnis: Siehe dazu J. Piaget/B. Inhelder: *Mémoire et intelligence.* Paris 1968. (Deutsch: *Gedächtnis und Intelligenz.* Olten 1974.)

Plan-Schema: Siehe dazu die Anmerkung in Abschnitt 2.

20.

W. Pitts/W. S. McCulloch: »How we know universals: the perception of auditory and visual forms«. In: *Bull. Math. Phys.* 9 (1974), S. 127–147.

22.

Hermine Sinclair: Acquisition du language et développement de la pensée. Paris 1967.

23.

Äquilibration: Siehe dazu J. Piaget: *L'équilibration des structures cognitives. Problème central du développement.* (Études d'épistémologie génétique, Bd. XXXIII.) Paris 1975. (Deutsch: *Die Äquilibration der kognitiven Strukturen.* Stuttgart 1976.)

Gestalttheorie: Vergleiche Abschnitt 3 und die Anmerkung dazu. Zu Piagets Auseinandersetzung mit der Gestalttheorie siehe auch J. Piaget: *Psychologie der Intelligenz.* Olten [6]1974, bes. Kap. III.

Oppel'sche Täuschung: Eine von J. J. Oppel schon im 19. Jahrhundert entdeckte geometrisch-optische Täuschung, bei der eine nicht unterteilte Strecke beim Vergleich mit einer gleich langen unterteilten Strecke für kürzer gehalten wird.

Gruppierungen: Im englischen Text findet sich hier folgende Anmerkung von Piaget: Eine Gruppierung kann als ein Gitter verstanden werden, dem Reversibilität verliehen worden ist. Wenn in einem Gitter $A + A' = B$, wobei B eine obere Grenze von A und A' ist, kann man A zurückerhalten, indem man an B die folgende Operation vornimmt: $B - A' = A$. Aber der allgemeinere Fall ist, dass C beispielsweise eine obere Grenze von A und C' ist und $A \pm D - C'$. Mit anderen Worten, die Operation $A + A'$ lässt sich nur »umkehren« zwischen kontingenten Elementen wie A und A', in dem Sinne, dass im Triplett A, A',

B jeweils zwei Elemente allein das dritte bestimmen (siehe folgende Abbildung).

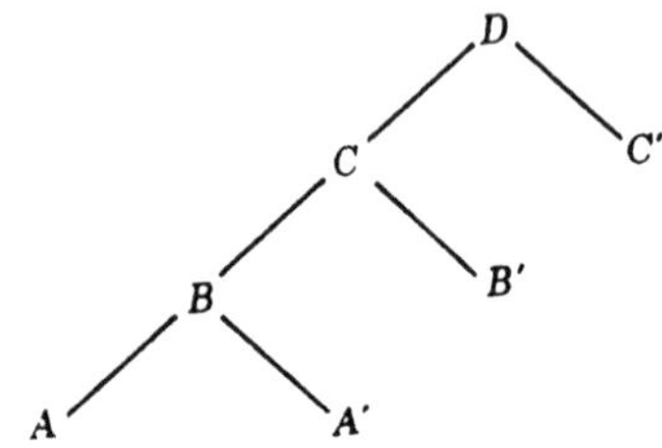

Dies gilt nicht für *A, C', D*, wobei *A + C' = D – D' – B' – A'*. Hier verstehen wir eine Gruppierung als eine Gruppe, in der Komposition ausschließlich auf kontingente Elemente (*A* + *C'* ist beispielsweise nicht ohne spezielle Bedingungen definiert) und durch die speziellen Identitäten *A* + *A* = *A; A* + *B* = *B* beschränkt ist. Eine Gruppierung ist deshalb nur definiert als Sequenz verschachtelter Elemente, wie etwa eine Klassifizierung (siehe folgende Abbildung).

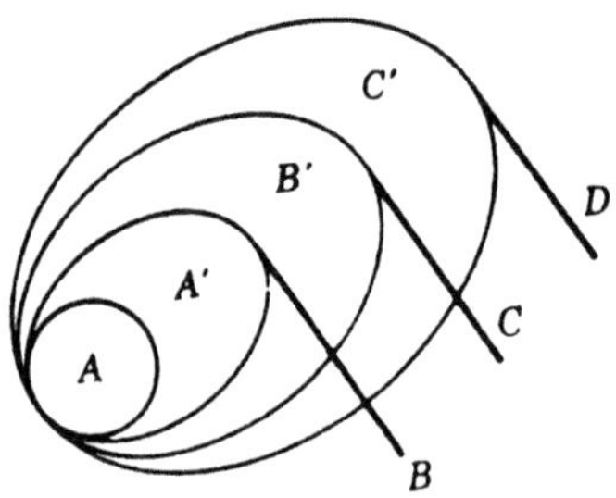

Sie besteht aus *(a)* einer direkten Operation; *(b)* einer inversen Operation; *(c)* einer Identitätsoperation; *(d)* speziellen Identitäten:

(a) $A + A' = B$
(b) $B - A' = A$
(c) $A + 0 = A; A - A = 0$
(d) $A + A = A; -A - A = -A; A + B = B.$
Ausführlicher zum Gruppierungsbegriff siehe J. Piaget: *Psychologie der Intelligenz.* Olten ^{6}1974, bes. Kapitel II. – J. Piaget: *Die Entwicklung des Erkennens. Band I: Das mathematische Denken.* Stuttgart 1975.

Assoziativität: Die amerikanischen Übersetzer haben folgende Anmerkung hinzugefügt: Assoziativität wird dadurch eingeschränkt, dass die Gruppierung nur kontingente Elemente kombiniert. $A + C'$ lässt sich nur konstruieren, indem man Schritt für Schritt mit den unmittelbar kontingenten Klassen A, A', B' bis hin zum D operiert, wobei die erste Klasse sowohl A wie C' enthält, dann $A + C' = D - B' - A'$. Entsprechend führt $A - C'$ nur zu der Tautologie $A - C' = (D - C' - B' - A') - C'$, wobei (D – C' – B' – A') = A. Die Konsequenz dieser Einschränkungen ist, dass Assoziativität erst eintritt, wenn die Klammerausdrücke »reduziert« sind: $(A + A') + B' = B + B' = C$, aber $A + (A' + B')$ ist bedeutungslos, da $(A' + B')$ als Klammerausdruck nicht definiert ist. (Zu weiteren Einzelheiten der Reduktionsregeln siehe J. Piaget: *Traité de logique.* Paris 1949. 2. Auflage unter dem Titel: *Essai de logique opératoire.* Paris 1972.) Hingegen kann in der Gruppe der ganzen Zahlen mit Addition als Verknüpfung jede Zahl unmittelbar zu jeder anderen addiert oder von jeder anderen subtrahiert werden, weil eine ganze Zahl von ihren Nachfolgern, in denen sie »enthalten« ist, völlig losgelöst werden kann.

25.

Jean Baptiste le Rond, genannt d'Alembert: Französischer Philosoph und Mathematiker (1717–1783); verkörperte das Ideal des Universalwissens, gab mit Diderot die »Encyclopédie« heraus. 1743 stellte er das d'Alembert'sche Prinzip der Mechanik auf, nach dem die Trägheitswiderstände (Produkte aus Massen und Beschleunigungen) formal wie äußere Kräfte behandelt werden, sodass das dynamische Gleichgewicht dem Prinzip der virtuellen Arbeit untergeordnet wird.

Alfred North Whitehead/Bertrand Russell: Principia Mathematica. Vols. I–III. Cambridge 1910, 1912, 1913. – Dieses dreibändige Werk der beiden englischen Philosophen und Mathematiker (Whitehead 1861–1947; Russell 1872–1970) bildete die Grundlage einer symbolisch-mathematischen Logik.

Iteration: Schrittweise Näherung (sukzessive Approximation), die ermöglicht, die exakte Lösung eines mathematischen Problems beliebig genau anzunähern, indem man von einer Näherungslösung ausgeht und nacheinander jede Näherung als neuen Ausgangspunkt nimmt.

28.

Kombinatorik: Theorie der endlichen Mengen, insbesondere der Untersuchung gewisser zahlentheoretischer Auswahlfunktionen. In der elementaren Kombinatorik geht es vor allem um Anzahlprobleme von Anordnungen und Auswahlen aus endlichen Mengen (Variationen, Kombinationen, Permutationen). Dabei werden Abzählungsregeln, wie Summen-, Produkt-, Quotientenregeln, angewandt.

Permutation: Vertauschung der Elemente einer Menge.

Vierergruppe INCR: Hier haben die amerikanischen Übersetzer folgende Anmerkung hinzugefügt: Die INCR-Gruppe ist eine Reihe von Operationen, vorgenommen an den Operationen oder Elementen irgendeiner algebraischen Struktur, welche eine involutive Operation hat (eine Operation, die ihr eigenes Inverses ist: $N^2 = I$). Ein Beispiel für eine involutive Operation ist das (de Morgan'sche) Dualitätsgesetz der Boole'schen Algebra: $\bar{p} \cup \bar{q} = \overline{p \wedge q}$, das wir auch schreiben können: $N\,(p \vee q) = p \wedge q$ (*N* für negativ). Wenn wir *C* (korrelativ – *C* nach der französischen Schreibweise) als die Regel definieren, die auf die Junktoren einwirkt – $\wedge$ in $\vee$ verwandelt und umgekehrt –, und R (reziprok) als die Regel, die auf die Vorzeichen der Variablen einwirkt, indem sie p zu $\bar{p}$ macht und umgekehrt, und wenn *C* und *R* nacheinander [auf, sagen wir $(p \cup q)$] angewendet werden, so erhalten wir dasselbe Ergebnis wie bei der Verwendung von *N*. Das folgende »Zustandsdiagramm« zeigt die Relationen zwischen *N*, *R* und *C* unter Einwirkung auf $(p \vee q)$:

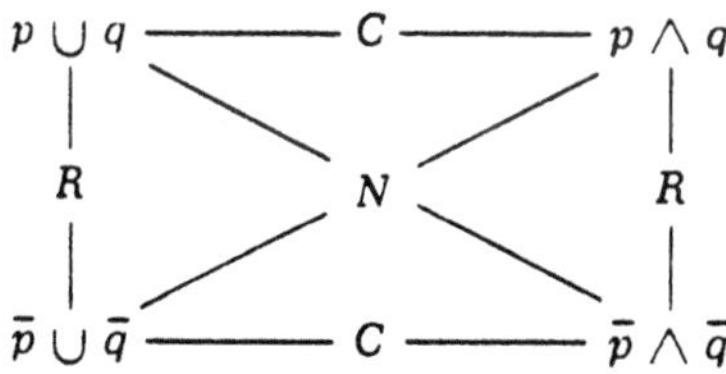

Identität *I* lässt sich jetzt als die Regel definieren, die jede Formel in sich selbst verwandelt, und die folgenden Eigenschaften lassen sich leicht verifizieren, indem man das Diagramm »abgeht«:

a) $RC = N$, $RN = C$, $CN = R$, und alle Paare sind kommutativ: $RC = CR$ usw.

b) $C^2 = N^2 = R^2 = I$ (alle Transformationen sind involutiv, jedes Element ist sein eigenes Inverses).
c) $RNC = I$.
Von daher können wir zeigen, dass die Menge $\{I, N, C, R\}$ zusammen mit der Operation der Komposition (in dem üblichen Sinn der Anwendung einer Transformation auf das Ergebnis einer anderen) eine nichtzyklische Gruppe von vier Elementen bildet (bekannt als Klein'sche Vierergruppe).
Die INCR-Gruppe lässt sich auch an physikalischen Systemen von geeigneter Struktur definieren (d.h. einer involutiven Transformation, die sich in zwei weitere involutive Transformationen »zerlegen« lässt). In einem seiner Experimente über doppelte Bezugssysteme verwendet Piaget eine Schnecke, die sich von links nach rechts und umgekehrt über ein kleines Brett bewegen kann, welches seinerseits sich in beide Richtungen über einen Tisch bewegen lässt. Wir können C als die Regel definieren, die die Bewegung der Schnecke umkehrt: zum Beispiel $C(L, L) = (R, L)$, wobei (R, L) bedeutet, dass die Schnecke (erste Koordinate) sich nach rechts bewegt und das Brett nach links. Dann können wir R als die Regel definieren, die die zweite Koordinate umkehrt, zum Beispiel $R(L, L) = (L, R)$ – dies kehrt die Bewegung des Bretts um. Das »Zustandsdiagramm« hat die gleiche Struktur wie zuvor; wie zuvor ist auch N (N kehrt beide Bewegungen um) das Produkt von R und C:

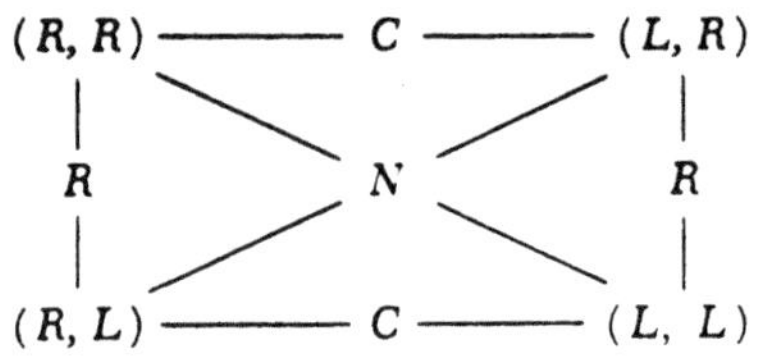

Ergänzungen zur Fußnote:

Augustus de Morgan: Englischer Mathematiker (1806–1871); hat die nach ihm benannten Regeln aufgestellt, nach denen die Negation zweier Aussagen *A* und *B* äquivalent ist zur Adjunktion der Negationen von *A* und *B*. Hauptwerk: *Formal Logic.* 1847.

Georges Boole: Englischer Mathematiker (1815–1869); gilt als der eigentliche Begründer der mathematischen Logik, Schöpfer der Boole'schen Algebra. Hauptwerke: *The Mathematical Analysis of Logic.* 1847. – *An Investigation of the Laws of Thought.* 1854.

Felix Klein: Deutscher Mathematiker (1849–1925), entfaltete insbesondere die Gruppentheorie und die Funktionentheorie. *Gesammelte mathematische Abhandlungen.* 3 Bde. 1921–1923.

Zum Ganzen siehe auch J. Piaget: »Les structures mathématiques et les structures opératoires de l'intelligence«. In: J. Piaget et al.: *L'enseignement des mathématiques.* Neuchâtel 1955, S. 11–33.

29.

Georg Cantor: Deutscher Mathematiker (1845–1918), Professor in Halle; Begründer der Mengenlehre, der Theorie der Punktmengen und der transfiniten Arithmetik (Rechnen mit unendlichen Mengen). Hauptwerke: *Grundlagen einer allgemeinen Mannigfaltigkeitslehre [= Mengenlehre]. 1883. – Beiträge zur Begründung der transfiniten Mengenlehre.* Bd. I und II. 1895, 1897.

aleph null: Die Kardinalzahl der Menge der natürlichen Zahlen.

Nicholas Bourbaki: Pseudonym einer sich ständig erneuernden Gruppe amerikanischer und französischer Mathematiker, die seit 1939 die *Éléments de mathématique* herausgibt und damit eine auf Axiome gegründete systematische Zusammenstellung des mathematischen Wissens unserer Zeit anstrebt. Im Vordergrund stehen algebraische, topologische und Ordnungsstrukturen – gegen die überkommene Einteilung der Mathematik in Geometrie, Algebra und Analysis. Diese drei Strukturen werden »Mutterstrukturen« genannt; aus ihnen lässt sich nach der Bourbaki-Gruppe die Mathematik weitgehend aufbauen.

30.

Genom, Epigenese: Siehe Anmerkungen zur *Vorbemerkung* und zu Abschnitt 9.

Genpool: Gesamtheit der Gene in einer Population von sich untereinander paarenden und fortpflanzenden Individuen.

Leonard Bloomfield: Amerikanischer Sprachwissenschaftler (1887–1947), der alle psychischen Gehalte aus der Sprachbetrachtung ausklammerte (allerdings mit der Begründung, dass die Psychologie einstweilen noch nicht so weit entwickelt sei, dass die Erforschung der psychischen Gehalte der Sprache lohnend sei); deshalb wird seine Position allgemein als »antimentalistisch« gekennzeichnet. Hauptwerk: *Language.* London 1933.

Georg Armitage Miller: Zeitgenössischer amerikanischer Psychologe und Psycholinguist, der insbesondere die psychischen Gehalte der Sprache und die kognitiven Elemente in (kommunikativen) Handlungen erforscht. Werke: *The Psychology of Communication.* New York 1967. – (Ed.): *Communication, Language and Meaning. Psychological Perspectives.* New York 1973. – G. A. Miller/E.

Galanter/K. H. Pribram: *Strategien des Handelns. Pläne und Strukturen des Verhaltens.* Stuttgart 1973.

Transformationsgrammatik: Siehe hierzu Abschnitt 10 und die entsprechende Anmerkung.

Gödel'scher Beweis: siehe Abschnitt 31 und die Anmerkung dazu.

31.

Jerome S. Bruner/R. R. Olver/P. M. Greenfield et al.: Studies in Cognitive Growth. New York 1966. (Deutsch: *Studien zur kognitiven Entwicklung.* Stuttgart 1971.)

Percy W. Bridgman: Amerikanischer Physiker (1882–1961); Nobelpreis für Untersuchungen der Materie bei extrem hohen Druckverhältnissen. Vertreter eines *Operationalismus*, nach dem die Bedeutungen der physikalischen Begriffe aus den physikalischen Operationen zu erschließen sind und sich daraus dann die Anwendungen auf konkrete Fälle ergeben. *Logic of Modern Physics.* New York 1927.

Kurt Gödel: Österreichischer Mathematiker und Logiker (1906–1978), 1938 emigriert, Professor in Princeton, N.J.; bekannt geworden u.a. durch sein *Unvollständigkeitstheorem*, das besagt, dass in jeder hinreichend ausdrucksfähigen formalisierten mathematischen Theorie kein vollständiges Axiomensystem für die Menge der allgemein gültigen Ausdrücke existiert. Daraus ergibt sich vor allem, dass in jeder hinreichend ausdrucksfähigen Theorie die Menge der allgemein gültigen Ausdrücke nicht entscheidbar ist, d.h., dass es kein allgemeines Verfahren gibt, um z.B. für jeden Ausdruck der Arithmetik in endlich vielen Schritten zu entscheiden, ob er allgemein gültig ist oder nicht. – Die für die Wissenschaftstheorie bedeutsame Folgerung daraus ist, dass die Widerspruchsfreiheit einer widerspruchsfreien Theorie niemals innerhalb der Theorie selbst bewiesen werden kann, sondern umfangreichere Hilfsmittel erfordert, als die Theorie selbst bereitstellt.

Paul Natorp: Deutscher Philosoph und (Sozial-)Pädagoge (1854–1924); zusammen mit Hermann Cohen Begründer und Haupt der sog. »Marburger Schule« – eines logisch-erkenntnistheoretischen Neukantianismus, in dessen Mittelpunkt die transzendentale Logik und die wissenschaftstheoretische Untersuchung der Methodologie der exakten Naturwissenschaften stehen. Dieser *logische Idealismus* – in Abkehr vom logischen Empirismus bzw. Positivismus – steht der philosophischen Position Piagets sehr nahe (siehe besonders J. Piaget: *Weisheit und Illusionen der Philosophie.* Frankfurt a.M. 1974). Piaget zitiert hier aus Natorps Buch *Die logischen Grundlagen der exakten Wissenschaften* (Leipzig/Berlin 1910), das – laut Vorwort – eine »echte Philosophie der Naturwissenschaft auf mathematischer Grundlage« bieten möchte; es weist viele erstaunliche Parallelen zu Piagets eigener Erkenntnistheorie auf. Das Zitat stammt aus Kap. 1 (»Das Problem einer Logik der exakten Wissenschaften«), § 4 (»Genetische Ansicht der Erkenntnis«) und lautet im Zusammenhang: »›Verstehen‹ heißt fortan nicht: mit dem Gedanken zum Stillstand kommen, sondern im Gegenteil: jeden scheinbaren Stillstand wieder in Bewegung aufheben. ›Da steht mir der Verstand still‹, sagt die populäre Sprache, um auszudrükken, daß man nichts mehr versteht; sogar sie hat also ein Bewußtsein davon, daß Verstand Bewegung, Stillstand Nichtverstehen bedeutet. Der Fortgang, die *Methode* ist alles; im lateinischen Wort: der *Prozeß*. Also darf das ›Faktum‹ der Wissenschaft nur als ›Fieri‹ verstanden werden. Auf das, was getan wird, nicht was getan ist, kommt es an.

Das Fieri allein ist das Faktum: alles Sein, das die Wissenschaft ›festzustellen‹ sucht, muß sich in den Strom des Werdens wieder lösen. Von diesem Werden, zuletzt nur von ihm, darf gesagt werden: es *ist.*« (S. 14, Hervorhebungen im Original.)

Alexandre Koyré: Französischer Philosoph und Wissenschaftshistoriker (1892–1964), Professor an der Sorbonne; beschäftigte sich vor allem mit der Entstehung der modernen Naturwissenschaft im 16. und 17. Jahrhundert. Für diesen Zusammenhang wichtige Werke: *Études d'histoire de la pensée philosophique.* Paris 1961. – *Von der geschlossenen Welt zum unendlichen Universum.* Frankfurt a. M. 1980.

Thomas S. Kuhn: Zeitgenössischer amerikanischer Wissenschaftstheoretiker und -historiker; besonders hervorgetreten durch Untersuchungen zum Paradigmenwechsel in der Geschichte der (Natur-)Wissenschaften. Hauptwerk: *Die Struktur wissenschaftlicher Revolutionen.* Frankfurt a. M. 1973.

32.

Internationales Zentrum für Genetische Epistemologie: Siehe Anmerkung in Abschnitt 14. Die Reihe mit den Veröffentlichungen des Zentrums lautet *Études d'épistémologie génétique* und ist (bis Bd. XXX, 1973) verzeichnet im Anhang von J. Piaget: *Abriss der genetischen Epistemologie.* Olten 1974.

L. Apostel/J.-B. Grize/S. Papert/J. Piaget: La filiation des structures. (Études d'épistémologie génétique, Bd. XV.) Paris 1963.

Willard van Orman Quine: Amerikanischer Philosoph

(1908–2000), Professor in Harvard; wegweisende Arbeiten auf dem Gebiet der formalen Logik, die er in Anlehnung an die Mathematik weiterentwickelt hat. *Selected Logic Papers.* New York 1966. – *Grundzüge der Logik.* Frankfurt a. M. 1969.

Nachbemerkung: Zu fast allen im vorliegenden Text berührten Themen und Fragestellungen gibt es weiterführende Spezialbeiträge in dem umfassenden Sammelband von Gerhard Steiner: *Piaget und die Folgen.* (Die Psychologie des 20. Jahrhunderts, Bd. VII.) Zürich 1978.